L'ABBÉ FRANÇOIS FABRE

LA BÊTE
DU
GÉVAUDAN
EN
AUVERGNE

(avec deux gravures)

SAINT-FLOUR

IMPRIMERIE H. BOUBOUNELLE, 17, PLACE D'ARMES

—

1901

L'abbé François FABRE

LA BÊTE DU GÉVAUDAN

EN

AUVERGNE

SAINT-FLOUR

IMPRIMERIE H. BOUBOUNELLE, 17, PLACE D'ARMES

1901

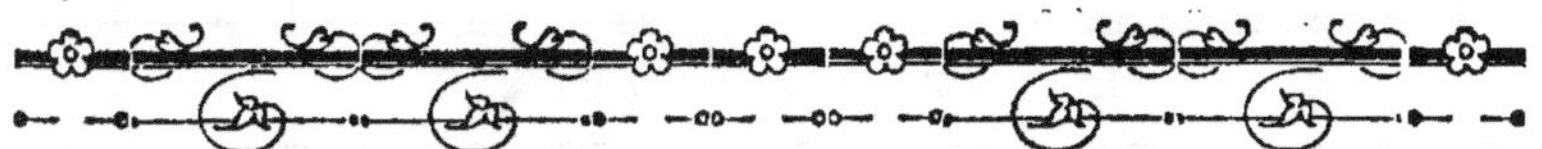

LA BÊTE DU GÉVAUDAN EN AUVERGNE

Pourquoi ce titre ?

C'est en Gévaudan que cette Bête farouche avait établi son cantonnement ordinaire, et c'est là aussi qu'elle commit le plus de méfaits ; c'est là que se firent les battues les plus fréquentes et les plus grandes chasses ; c'est là enfin que se concentrèrent les efforts des chefs successifs qui furent envoyés pour purger la terre de ce fléau ; et c'est pourquoi on a donné à cet animal extraordinaire le nom de BÊTE DU GÉVAUDAN.

Toutefois ce monstre fit, à maintes reprises, des incursions en terre d'Auvergne, surtout dans la région de Saint-Flour, où il dévora de nombreuses victimes. Et pour s'en délivrer, les paroisses d'Auvergne joignirent leurs efforts à celles du Gévaudan, comme aussi les subdélégués de l'intendance de la Province et l'Intendant lui-même, organisèrent les poursuites, prirent des mesures et envoyèrent des Ordonnances pour assurer le succès des chasses entreprises.

Ce sont ces victimes dévorées, ces démarches diverses et cette intervention de l'Auvergne que nous allons raconter, d'après des documents pour la plupart inédits, tout en rapportant plus brièvement les faits passés ailleurs, pour donner une plus lucide et plus complète compréhension de l'histoire de cette Bête terrible.

La Bête du Gévaudan, un peu dans tous les milieux, est généralement regardée comme un mythe fabuleux, et son histoire comme une légende fantastique, capable, tout au plus, d'intéresser les petits enfants.

L'égide mystérieuse qui semblait la protéger contre les balles, cette facilité qu'elle avait de se dérober aux battues, ces nombreux méfaits commis en si peu de temps, en des lieux éloignés l'un de l'autre, la terreur superstitieuse qui l'environnait, et les descriptions fantaisistes qui se répétaient et s'imprimaient, avaient fait d'elle un monstre extraordinaire dont les traditions, à travers les années écoulées, ont dénaturé davantage encore la personnalité.

D'autre part, le roman et le drame s'en sont emparés et lui ont donné un caractère d'invraisemblance difficile à faire disparaître.

Pourtant, hélas ! aucune réalité ne fut plus vivante et plus tristement constatée ! Les registres des paroisses, les correspondances diverses, les documents les plus authentiques attestent, de la manière la plus irréfragable, la vérité de son existence.

N'y avait-il qu'une seule Bête; ou faut-il croire à la

pluralité d'animaux malfaisants qui firent à cette période une sinistre illustration ?

Nous ne préjugeons en rien la question : au lecteur de se prononcer après avoir parcouru ces courtes pages, s'il les juge dignes de quelque intérêt.

CHAPITRE PREMIER

Premières apparitions de la Bête

Une douloureuse nouvelle s'était répandue sur les confins de Gévaudan et de Vivarais : on racontait que « le 3 juillet 1764, au village des Habats, paroisse de Saint-Etienne-de-Lugdarès, en Vivarais, une jeune fille de 14 ans venait d'être soudainement dévorée » (1).

Le 8 du mois suivant, une autre fille âgée de 15 ans, du Masmejean, paroisse de Puy-Laurent, en Gévaudan, devenait également la proie d'une Bête inconnue (2).

Les populations de ces villages étaient dans un émoi bien justifié qui gagna les paroisses avoisinantes. Et quelle ne fut pas la surprise et la terreur de chacun, lorsqu'on apprit qu'à la fin de ce même mois d'août, un enfant de 15 ans, au village de Chayla-l'Evêque, paroisse de Chaudeyrac (3), en Gévaudan, venait de trouver la mort dans ces mêmes conditions!

Qu'était donc cette Bête cruelle, assez osée pour se jeter sur des créatures humaines et comment pourrait-on arrêter ses ravages ?

Ce qu'elle était, on ne le savait point exactement :

(1, 2, et 3) Archiv. de Montpellier. C. 44. Pourcher, *la Bête du Gévaudan,* p. 32 et suiv.

elle avait, quoique plus agile et plus forte, la forme et les apparences d'un de ces loups féroces que l'on rencontrait fréquemment alors, dans ce pays de montagnes. Et pour la détruire, l'on n'avait d'autres ressources que de faire des battues et lui donner une chasse acharnée.

Aussi les hommes se levèrent, les seigneurs à leur tête ; mais, soit inexpérience, soit faute d'union et d'entente, ces premiers essais n'eurent aucun succès.

Et la Bête, que ces poursuites ne semblaient troubler aucunement, continua d'attaquer et de dévorer à belles dents ce qu'elle put rencontrer d'enfants à sa portée.

Au commencement de septembre, elle fit sa proie d'un autre enfant au lieu des Pradels, en cette même paroisse de Chaudeyrac. Le 6 septembre, à 7 heures du soir, elle dévorait, au village d'Estrets, paroisse d'Arzenc, une femme de 36 ans, et le 16, à 6 heures du soir, un garçon des Choisinets, paroisse de Saint-Flour de Mercoire, en Gévaudan (1).

Qu'allait-on devenir, si l'on ne réussissait pas à délivrer la terre de ce monstre féroce, qui, cantonné dans les environs de Langogne, rayonnait aux alentours, choisissant l'heure et l'endroit propices pour attaquer impunément ses victimes ?

Le syndic de Mende, M. Lafont, recevait les plaintes de ces pauvres gens, exposés journellement à une mort calamiteuse. Les chasses privées étaient insuffisantes ; fallait-il abandonner ces populations ? Le cas

(1) *Ibid.*

était d'autant plus urgent qu'une nouvelle victime, la septième en trois mois, une jeune fille de 12 à 13 ans, venait d'être dévorée au village des Thorts, paroisse de Rocles.

M. de Moncan, gouverneur militaire de la province de Languedoc, informé de la situation, avait déjà envoyé l'ordre à M. Duhamel, capitaine aide major des volontaires de Clermont, d'aller donner la chasse à cet animal, avec un détachement de quarante dragons à pied et dix-sept montés, et de prendre ses cantonnements à Langogne. Cet officier, avec ses hommes, s'était mis à la tête des chasseurs, et par là avait apporté le bon ordre et la discipline dans leurs rangs, ainsi qu'une régularité bien nécessaire dans les opérations.

Le 21 septembre, un gros loup avait été tué dans la paroisse de Luc, mais ce n'était pas encore la Bête poursuivie.

Celle-ci, plus agile que les chevaux qui couraient après elle, plus rusée que les batteurs qui la traquaient et que les chasseurs qui la tiraient, bravait tous les efforts et se dérobait aux coups avec une incroyable facilité.

Toutefois, ces chasses journalières finirent par la déloger des environs de Langogne, et, au commencement d'octobre, elle vint établir son repaire dans les bois de Saint-Alban, du Malzieu et de Saint-Chély.

Là, elle ne tarda pas à signaler sa présence par de nouveaux méfaits. Le 7 octobre, elle dévorait, au lieu d'Apchier, une fille de 20 ans. Le lendemain, elle attaquait, au Pouget, paroisse de la Fage, un jeune homme de 15 ans, à qui elle écorchait une partie de la tête, puis elle dévorait une fille de 12 à 13 ans à Contrandès, paroisse de Sainte-Colombe, et enfin une autre de 20 ans, à Grazeires, paroisse de Saint-Alban.

De nouvelles chasses furent faites de ce côté, commandées par le sieur Mercier, dont on lit le récit dans des relations envoyées à M. Lafont par M. de Morangiès. La Bête semblait invulnérable : elle fut tirée, elle fut même atteinte, on la vit tomber et se relever pour s'enfuir au loin, — les chasseurs voient des choses si extraordinaires! — on la crut morte. Mais point ; le lendemain elle dévorait de nouvelles victimes.

Le récit de ces carnages multipliés, de ces chasses infructueuses quoique vivement mouvementées, avait fait son chemin, et de ville en ville s'était répandu dans tout le royaume. Il n'était bruit que de ce monstre, et c'est de lui que les gazettes s'occupaient continuel- lement. A Paris, l'on ne désignait plus le Gévaudan que sous le nom de « **Pays de la Bête** ». On exa- gérait le nombre de ses méfaits, et l'on racontait sur ses ruses et son agilité des choses extraordinaires qui défiaient toute vraisemblance.

Cette Bête avait à peine été vaguement aperçue, l'on n'avait sur elle que d'imparfaites indications, et déjà les feuilles publiques la décrivaient, les gravures la représentaient, il faut voir avec quelle exactitude !

L'estampe reproduite ci-contre courait le pays, accompagnée de la légende suivante (1) :

F I G U R E

D E L A B Ê T E

FAROUCHE

ET EXTRAORDINAIRE QUI DÉVORE LES FILLES

Dans la province de Gévaudan, et qui s'échappe avec tant de vitesse qu'en très-peu de tems on la voit à deux ou trois lieues de distance, et qu'on ne peut ni l'attaquer ni la tuer.

EXPLICATION.

On écrit de Marvejols dans la Province de Gévaudan, par une lettre en date du premier Novembre mil sept cent soixante-quatre, que depuis deux mois il paroit aux environs de Langogne et de la forêt de Mercoire une Bête farouche qui répand la consternation dans toutes les campagnes. Elle a déjà dévoré une vingtaine de Personnes sur-tout des enfans et particulièrement des filles. Il n'y a guère de jours qui ne soient marqués par quelques nouveaux désastres..... Ce n'est que depuis huit jours qu'on a pu parvenir à voir de près cet animal redoutable. Il est beaucoup plus haut qu'un Loup; il est bas du devant, et ses pattes sont armées de griffes. Il a le poil rougeâtre; la tête fort grosse, longue et finissant en museau de lévrier, les oreilles petites, droites comme des cornes, le poitrail large et un peu gris, le dos rayé de noir et une gueule énorme, armée de dents si tranchantes qu'il a séparé plusieurs têtes du corps comme pourroit le faire un razoir, etc. . . . .
. . . .

Vu par moi censeur pour la police.
Vu l'approbation permis d'imprimer... ce 24 Novembre 1764. DE SARTINE

Se vend AUX ASSOCIÉS. Chez F. G. DESCHAMPS, Libraire,
rue Saint-Jacques.

(Exemplaire trouvé à Saugues.)

(1) Voy. p. 208, *Notes historiques sur Saugues (Hte-Loire)*, par l'abbé F. FABRE. Edit. Boubounelle, St-Flour. Prix : 3.50

LA BÊTE DU GÉVAUDAN (*fac-simile d'une estampe de 1764*)

Le syndic de Mende avait défendu d'envoyer les femmes ou les enfants isolés aux pâturages, et les hommes eux-mêmes n'osaient plus sortir sans être armés d'un lourd bâton, d'une fourche ou d'une hache, surtout lorsqu'ils allaient faire leurs labours à proximité des bois.

Oh! ces longues inquiétudes, ces angoisses pénibles qui torturaient les pauvres mères lorsque leurs enfants étaient aux pâturages! Car il fallait bien de toute nécessité y conduire le bétail, les hommes étant occupés aux travaux des champs.

On résolut de concentrer tous les efforts sur Saint-Chély et le Malzieu. Au commencement de novembre, M. Duhamel avait reçu l'ordre de quitter Langogne et était venu, le 5, s'installer chez Grassal, aubergiste à Saint-Chély.

La Bête n'avait qu'à bien se tenir. On comptait la déloger comme l'on avait fait à Langogne; bien mieux, on comptait la tuer, grâce à l'expérience que l'on avait maintenant de ses habitudes et de la manière dont elle procédait. Aussi les populations se reprirent à l'espérance et firent bon accueil aux nouveaux arrivants.

Comme ces poursuites étaient pénibles pour les hommes et pour les chevaux, M. Duhamel fit augmenter la solde de ses troupes, afin de les mettre à même de soutenir plus vigoureusement les fatigues inséparables de la besogne à laquelle il allait les employer.

Les chasses furent reprises avec une certaine régularité. M. Duhamel se proposait de se lancer aux poursuites, de deux jours l'un, et un ordre régulier de battues fut publié qui devait être ponctuellement exécuté.

Il écrivait à M. Lafont : « Il est bien constaté qu'il « y a deux de ces animaux, plusieurs rapports le con- « firment. L'on dit même qu'ils sont presque toujours « ensemble » (1).

La Bête, ainsi traquée du côté de Saint-Chély, se jeta « dans l'Auvergne, dans cette partie de la province « qui est entre Chaudesaigues et Saint-Flour. Elle « fondit sur un troupeau de bêtes à laine, en un pâtu- « rage de la paroisse de Chauchailles. Une femme qui « gardait ce troupeau voulut lui arracher un mouton « qu'elle avait saisi. La Bête se lança sur elle et la « blessa à la lèvre inférieure et dans quelques autres « parties du visage et de la tête. Ses blessures n'ont « point eu de mauvaises suites. La chose me fut « rapportée le jour que M. Duhamel passa par ici » (2).

Déjà même, le gouverneur de Languedoc avait cru devoir en référer à l'Intendant d'Auvergne :

« A Montpellier, le 25 novembre 1764.

« Vous êtes sûrement informé, M..., de tous les ravages qu'a causés et que cause encore un monstre qui rode depuis environ quatre mois dans le Vivarais et le Gévaudan. Cette Bête féroce est actuellement dans les bois aux environs de Saint-Chély, à trois lieues de l'Auvergne. J'ai chargé M. Duhamel, capitaine aide-

(1) Pourcher, p. 77.
(2) Lettre de Lafont. *Ibid.* p. 82-83.

major des volontaires de Clermont, de lui donner la
chasse avec un détachement de 40 dragons à pied et
17 montés, tous hommes choisis et bontireurs et j'ai
autorisé cet officier qui est un homme prudent et rempli de zèle de se servir des habitans pour faire des
batües. On a vu cet animal et on lui a même tiré quatre
coups de fusil à dix pas de distance sans avoir pu l'arrêter, et il a depuis dévoré plusieurs personnes. Comme
il pourrait bien se jeter sur votre province dont il est
à portée, j'ai cru devoir donner des ordres à M. Duhamel de l'y poursuivre s'agissant du bien public que
vous aimés et que je suis persuadé que vous procurés
autant que moi, c'est ce qui me fait espérer que vous
voudrés bien ne point désapprouver ce parti ; j'ai même la confiance de croire que vous aurés la bonté,
monsieur, de favoriser cette expédition en chargeant
messieurs vos subdélégués et les maires et consuls des
villes et lieux de votre généralité de donner à M. Duhamel toutes les facilités et les secours dont il pourra
avoir besoin pour détruire ce monstre, si les chasses
qu'on lui donne le font passer en Auvergne, et pour
procurer les logements et les vivres et fourrages nécessaires à son détachement, en payant de gré à gré,
je ferai part demain à la Cour de ce que j'ai l'honneur
de vous marquer.

« J'ai celui d'être, avec un sincère et respectueux
attachement, Monsieur, votre dévoué et très obéissant
serviteur. » *Signé*, MONCAN (1).

(1) Archiv. du Puy-de-Dôme. C. 1731. Doc. inédit.

CHAPITRE II

Lettres d'Auvergne

Il fut fait ainsi que le désirait M. de Moncan. L'Intendant d'Auvergne donna des ordres aux subdélégués qui les transmirent aux consuls, et tout fut ordonné et disposé pour que les battues fussent exécutées dans toutes les règles et que les dragons reçussent pour eux comme pour leurs bêtes ce qui était nécessaire dans ces journées mouvementées.

Le zèle des chasseurs était, en outre de la satisfaction bien légitime de délivrer son pays, stimulé par par l'appât d'une gratification de deux mille livres que le 18 novembre, les Etats de Languedoc, sur la proposition de l'archevêque de Narbonne, promettaient à celui qui tuerait la Bête et qui en justifierait d'une manière non équivoque, tandis que les syndics de Gévaudan et de Vivarais avaient déjà promis, chacun de leur côté, une récompense de 200 livres.

M. Duhamel se mit en relation directe avec l'Intendant d'Auvergne.

« Sur les représentations que j'ai eu l'honneur de faire à M. le comte de Moncan, commandeur de la province de Languedoc, touchant ce que j'aurois à faire si, vu la proximité de l'Auvergne, la Bête féroce que je suis chargé de détruire y passoit, je viens de recevoir à l'instant des ordres pour y suivre ledit animal. M. le comte de Moncan me mande, M., qu'il a eu l'honneur de vous écrire à ce sujet pour vous prier de vouloir bien faire donner des ordres en conséquence pour que MM. les maires et consuls soient prévenus de mon arrivée, si j'étois relativement à ma commission obligé de m'y transporter avec mon détachement.

« Comme je n'ai rien tant à cœur que de tâcher de parvenir à détruire un monstre dont le publique souffre journellement, je vous supplierois, M., de vouloir bien faire ordonner à tous les maires et consuls de la généralité d'Auvergne, qu'ils ayent à m'informer sur-le-champ si le hazard faisoit qu'on y aperçut cette cruelle Bête, ayant l'attention d'employer pour cela des exprès sûrs et de ne donner que des nouvelles bien positives à cet égard, en me les adressant à Saint-Chély ; comme la prière que j'ai l'honneur de vous faire a pour objet le bien publique, je me flatte que vous voudrez bien l'approüver.....

« A Saint-Chély, le 14 décembre 1764. »

Signé, DUHAMEL (1).

Ces mesures prises n'étaient point inutiles.

Au lendemain même de ce jour, l'on comptait une nouvelle victime. Aussitôt les consuls de Saint-Flour

(1) Archives du Puy-de-Dôme. C. 1731. Doc. inédit.

avertirent l'Intendant d'Auvergne de l'événement arrivé :

« Mgr... En exécution des ordres portés par l'honneur de votre lettre nous nous hattons de vous donner avis que la bette féroce est à deux lieues de cette ville et qu'elle dévora le quinze du courant à dix heures du matin auprès du village de Sistrières et aux environs des bois de Mgr de la Tour près la montagne de la Margheride, une fille âgée de 45 ans, appelée Catherine Chastang, du lieu de la Fage, paroisse de Védrines-Saint-Loup. La tette de cette fille fut trouvée à cent pas du corps et le corps ettoit dévoré en partie. Cette malheureuse fut surprise par cet animal en gardant ses bestiaux. Depuis ce triste évènement ce monstre n'a pas été veu de personne, et les habitants ont fait une chasse qui n'a rien produit.

« Si M. Duhamel se décide à poursuivre cet animal nous croyons devoir prévenir votre Grandeur qu'il sera très-difficile de loger la troupe et cet officier dans un pays isolé et dépourvu de tout et sujet à de grands froids qui empêcheront cet officier de pouvoir faire manœuvrer sa troupe. Il y a au contraire dans les environs, des particuliers en ettat de conduire cette chasse de les même favoriser sils avoient des ordres pour pouvoir contraindre les habitants des villages voisins parmi lesquels il y a de très-bons tireurs. Si votre Grandeur trouve à propos de nous procurer quelque chose à cet égard, nous remplirons ses ordres avec empressement, nous donnerons connaissance de ces derniers évènements à M. Duhamel, et nous n'en aprenons la confirmation et le détail que dans le moment par le curé du lieu. »

Signé, VIGIER, 1ᵉʳ consul. COMBES, 2ᵉ consul (1).

Ces consuls connaissaient probablement la fable de la Fontaine, « Le Jardinier et le Grand Seigneur », ou, s'ils ne l'avaient point lue, le bon sens de l'homme pratique qu'est l'Auvergnat de Saint-Flour, leur faisait prévoir que les dragons et leurs chevaux par le surcroît de dépenses et les dégâts inévitables qui résulteraient de leur présence, occasionneraient plus de torts au pays que ne pourraient en faire plusieurs Bêtes à la fois, et qu'en somme ils trouveraient chez eux, pour se défendre, assez de bonnes volontés, assez de fusils et assez de bras pour les porter.

Les événements arrivés, comme on le verra par la suite des faits, devaient leur donner raison.

M. Duhamel, averti de la présence de la Bête, était venu sans tarder se mettre à sa poursuite. Il raconte lui-même la chasse faite et les incidents qui la marquèrent :

« A Saint-Chély, ce 24 Déc. 1764.

« M. J'ai trouvé ici, à mon retour de la chasse que je viens de faire, la lettre que vous m'avez fait l'honneur de m'écrire. La bête féroce est bien à présent aux environs d'ici, car le 20 de ce mois elle a dévoré une

(1) Archives du Puy-de-Dôme. C. 1731. Doc. inédit.

fille à deux lieues d'ici : cette malheureuse pressée par un besoin étoit sortie et avoit passé dans son jardin qui tient à sa maison. Cette bête qui vraisemblablement étoit embusquée aux invirons luy sauta dessus, luy arracha le col des épaules et luy emporta la tête. Le curé de cette paroisse ne m'instruisit de cet évènement que le 21 à mydy. J'y envoyai sur le champ un maréchal-de-logis avec douze dragons à pied avec ordre de garder à vue le cadavre et d'y passer la nuit embusqué avec sa troupe et d'y attendre mon arrivée. Le lendemain à la pointe du jour, je partis d'ici avec le reste de mon détachement, je me portai d'abord dans les forêts de la Baume à cinq lieues d'ici, où j'espérois trouver cette Bête. Les parroisses que j'avais fait commander la veille se trouvèrent bien exactement aux rendez-vous que je leur avois indiqués. Je fus assez heureux pour trouver effectivement cet animal dans la section battue, n'étoit l'imprudence de trois de mes dragons qui ne me savoient point posté si près d'eux, j'aurois tiré cet animal à quatre pas, car il venoit droit à moy et ne pouvoit m'apercevoir. Mais les dragons qui n'en sçavoient rien, crurent bien faire de courir après et luy firent changer sa marche, j'en suis inconsolable. Deux de mes fouriers à cheval poursuivirent cette Bête pendant près d'une demie heure, toujours prêts à la sabrer, et si près qu'ils ne voulurent pas se servir de leur carabine ny de leurs pistolets, mais il se trouva un marais impraticable, où ils ne purent passer à cheval et furent obligés d'abandonner l'animal qui gagna les bois. L'espoir de retrouver cette Bête dans la partie où je la laissois à la nuit me fit prendre le partie de coucher avec ma troupe sur la paille afin d'être plus à même de recommencer ma chasse.

« Je fis en conséquence commander trois paroisses où j'envoyai les ordres toute la nuit, tout ce monde se rendit bien exactement. Mais une pluie affreuse qui n'a pas discontinué depuis la pointe du jour jusqu'à six heures du soir m'a enfin forcé de rentrer sans me permettre de chasser. »

« Je revins au village où étoit mon maréchal-delogis de garde auprès du cadavre, et qui y avoit passé deux nuits sans apercevoir la bête qui y revenoit bien, mais que des paysans détournèrent maladroitement. Enfin, après avoir remis le cadavre entre les mains des parents pour qu'ils puissent le faire enterrer je rentrai icy pour y laisser reposer aujourd'huy ma troupe et luy donner le temps de nétoyer ses armes que la pluie a mouillées. Quoique je sois inconsolable de n'avoir point tiré cette bête que j'aurois bien sûrement maintenant si les dragons fussent restés à leur place, j'espère toujours en voir la fin ; donc je me remet demain en chasse, peut-être serai-je plus heureux, je le désire bien sincèrement, je n'y épargne au moins ni soins ni peine, et je commande une troupe dont je ne saurois trop louer le zèle et la bonne volonté. »

« D'après les ordres que vous avez bien voulu donner, M., dans votre généralité, je ne doute pas que je ne sois informé sur-le-champ, par des avis sûrs, si ce cruel animal y passait et je m'y porterais avec toute la diligence possible. »

« J'ai l'honneur.... »

Signé : DUHAMEL. (1).

Cependant, la Bête ne dormait pas.

Ces poursuites multipliées semblaient lui fouetter l'appétit.

« Il est certain que cet animal parut dans les montagnes de la Margheride, le 15 du présent, au lieu des Gayx, paroisse de Védrine-St-Loup, et qu'elle y !dévora une fille ; elle attaqua aussi dans le même temps un jeune homme à qui elle enleva avec la griffe une partie de la peau du crâne, qui fut heureusement secouru au village de Chanteloube, mais on ne l'a plus vu depuis ce tems. Les habitants de Védrine-St-Loup firent aussitôt des battues dans partie des bois de la Margheride qui sont immenses et contigus, ils sont venus me dire qu'ils étoient prêts à faire de leur mieux pour la destruction de ce monstre et qu'il étoit essentiel de commander toutes les paroisses qui bordent la Margheride qui sont au nombre de seize, dont trois sont de la subdélégation de Langeac, telles que sont Pinols,.... et Chastel. Je serai fort exact à vous donner des nouvelles sûres de tout ce qui se passera. J'en ferai pareillement part à M. Duhamel. J'ai instruit les paroisses de vos intentions à ce sujet. Le marché est fait avec l'exprès à deux livres par jour, et il a reçu à compte 4 liv. 16 sols. » (2).

(1) Archives du Puy-de-Dôme, C. 1731. Doc. inédit.
(2) Lettre de M. de Montluc, subdélégué à St-Flour, à l'Intendant d'Auvergne, du 24 déc. 1764, à 11 du soir. *Ibid.* 1731. Doc. inéd.

L'intendant d'Auvergne, le 26 décembre, envoyait à ses délégués l'ordre de promettre en son nom 600 livres de récompense à qui « tueroit et reporteroit la Bête » et de mettre des placards pour en informer les paroisses intéressées.

Mais ce loup « qui parcouroit un espace de plusieurs lieues avec une asilité (*sic*) sans égale dans peu d'heures » (1) n'avait plus reparu en Auvergne. Il avait fait, au contraire, de nouveaux ravages en Gévaudan « et deux jeunes filles venaient d'y être nouvellement « dévorées, et l'on était fondé à croire à plusieurs « animaux de cette espèce, veu la datte de ces diffé- « rents événements (2). »

M. de St-Florentin, alors ministre d'Etat, s'intéressait vivement aux chasses que l'on faisait et au sort malheureux des habitants du pays infesté.

« Je vous suis obligé, écrivait-il à M. de Ballainvilliers, l'Intendant d'Auvergne, de votre attention à m'informer des maux que la Bête féroce qui a déjà cidevant désolé le Vivarais a déjà faits dans la partie de l'Auvergne où elle s'est réfugiée. Vous avez pensé, avec raison, que le meilleur moyen de la détruire étoit d'engager par l'espoir d'une récompense les gens du pays même à la poursuivre, car on augmentera sans doute l'encouragement en augmentant la gratification. Le roi trouve bon que vous promettiez jusqu'à 1200 livres et elles seront payées sur-le-champ à celui ou à ceux qui auront tué cet animal.

(1) Lettre de M. de Montluc, 29 déc. *Ibid.*
(2) Lettre de Vigier, consul de St-Flour, du 2 janv. 1765. *Ibid.*

« L'expérience de ce qui s'est passé en Languedoc a fait connaitre le peu de succès que l'on devoit attendre de détachements de troupes par lesquelles on lui faisoit donner la chasse, et l'on a pris le parti de le rapeller. »

« Je vous prie de continuer à me faire part de tout ce que vous aprendrez à ce sujet. »

« *A Versailles, le 31 déc. 1764.* » (1).

Les prévisions des consuls de Saint-Flour s'étaient justifiées. Les dragons n'avaient pas eu le succès espéré, et d'autre part leur présence était pesante pour ces populations appauvries. Aussi M. Duhamel se vit effectivement rappeler dans son quartier, mais, après réflexion mûre, il fut, ainsi qu'on le verra, remis de nouveau, peu de jours après, à la tête des chasseurs pour faire une dernière tentative, contre cet animal maudit.

(1) Archives du Puy-de-Dôme. C. 1731. Doc. inédit.

CHAPITRE III

Le mandement de l'Evêque de Mende

En face de ces douloureuses infortunes que ne consolait point l'espérance d'une prochaine délivrance, l'évêque de Mende, Mgr de Choiseul Beaupré (1) s'était senti ému d'une profonde pitié.

Là où le bras de l'homme était impuissant, l'assistance de Dieu serait peut-être plus efficace. Cette calamité sans précédent n'était elle point un fléau que le Ciel envoyait pour punir les crimes de la terre ? Et alors ne convenait-il pas de joindre au secours des armes, l'aide de la prière ?

En conséquence, l'Evêque, dans un mandement du 31 Décembre 1764, ordonna que le six Janvier de l'année qui allait s'ouvrir, le Saint-Sacrement serait exposé dans toutes les églises du diocèse, et que les prières publiques des quarante heures seraient récitées.

« Une bête féroce, disait ce mandement, inconnue
« dans nos climats, y parait tout à coup comme par
« miracle, sans qu'on sache d'où elle peut venir. Par-
« tout où elle se montre, elle laisse des traces san-

(1) Mgr Gab. Florent de Choiseul-Beaupré, év. de Mende, 1724-1767.

« glantes de sa cruauté. La frayeur et la cons-
« ternation se répandent ; les campagnes deviennent
« désertes, les hommes les plus intrépides sont saisis
« de frayeur, à la vue de cet animal destructeur de leur
« espèce, et n'osent sortir sans être armés ; il est d'au-
« tant plus difficile de s'en défendre qu'il joint à la force
« la ruse et la surprise. Il fond sur sa proie avec une
« agilité et une adresse incroyables ; dans un espace
« de temps très-court, vous le savez, il se transporte
« dans des lieux différents, et fort éloignés les uns
« des autres : il attaque de préférence l'âge le plus
« tendre et le sexe le plus faible, même les vieillards en
« qui il trouve moins de résistance. »

.... « Pères et mères qui avez la douleur de voir vos
« enfans égorgés par ce monstre que Dieu a armé
« contre leur vie, n'avez-vous pas lieu de craindre d'a-
« voir mérité par vos dérèglements que Dieu les frappe
« d'un fléau terrible ? Souffrez que nous vous deman-
« dions un compte de la manière dont vous les élevez;
« quelle négligence à les instruire des principes de la
« religion et des devoirs du chistianisme ! Quel soin
« prenez-vous de leur éducation ? . . . .

« On vous voit bien moins occupés de leur salut
« que de leur fortune et de leur avancement pour le-
« quel tout vous paraît légitime, et de ces passions
« naissantes que vous auriez dû arrêter et étouffer par
« des corrections salutaires, vous prenez soin au con-
« traire de les nourrir et d'en faire éclore le germe......
« Après cela faut-il être surpris que Dieu punisse

« l'amour déréglé que vous avez pour eux par tant de
« sujets d'affliction et de douleur qu'ils vous préparent
« pour la suite de votre vie....

« Entrons dans le dessein de Dieu qui ne nous
« frappe que pour nous guérir ; si nous cessons de
« l'offenser, ses vengeances cesseront aussi, sa colère
« fera place à ses anciennes miséricordes. Le monstre
« redoutable qui exerce sa fureur contre nous ou sera
« exterminé, ou Dieu le fera disparaître pour n'y plus
« revenir. »

« Loin de vous cette pensée folle que ce mons-
« tre est invulnérable, que les pasteurs et tous ceux qui
« sont chargés du sort des âmes s'appliquent à dissi-
« per par de solides instructions ces contes fabuleux
« dont le peuple grossier aime à se repaitre, et à ban-
« nir de son esprit tout ce qui ressent l'ignorance et la
« superstition. »

« Cet animal, tout terrible qu'il est, n'est pas plus
« que les autres animaux à l'épreuve du fer et du feu.
« Il est sujet aux mêmes accidents, et à périr comme
« eux, il tombera infailliblement sous les coups qu'on
« lui portera dès que les moments de la miséricorde de
« Dieu sur nous seront arrivés.... »

« Déjà cette miséricorde nous a ouvert une res-
« source : les Etats de la province, sensibles aux cala-
« mités de ce pays, ont accordé une gratification à celui
« qui l'en délivrera, et nous avons lieu d'espérer que
« plusieurs bras s'armeront pour nous secourir. Mais
« soyons bien persuadés que ces moyens humains et

« tous ceux que nous sommes obligés d'employer pour
« notre défense n'auront d'autre succès que celui qu'il
« plaira à Dieu de leur donner; supplions-le donc très-
« instamment de les bénir et de les faire réussir. » (1).

L'Evêque de Mende, en somme, ne se bornait pas
à demander seulement des prières. Aide-toi, le ciel t'ai-
dera. Il demandait aussi à la vaillance et à la dextérité
des chasseurs la délivrance de son diocèse, et, par la
peinture de toutes ces infortunes, il cherchait à apitoyer les cœurs et à les convier à une entente et à des
efforts énergiques pour la destruction de ce monstre
insaisissable.

Enfin, pour appuyer d'arguments plus irrésisti-
bles ses exhortations, il promettait mille livres à l'heureux vainqueur qui purgerait la terre de ce fléau.

La terreur et les croyances superstitieuses auxquelles ce mandement faisait allusion en essayant de
les combattre, étaient en effet d'une exagération inconcevable que nourrissaient les feuilles publiques, les
relations imprimées et les complaintes chantées qui se
colportaient dans les villages.

L'une d'elles dépeignait ainsi le monstre :

« La Bête féroce qui a paru dans le Gévaudan au
« mois de Novembre dernier, et qui fait tous les jours
« de si grands ravages dans cette province ainsi que
« dans le Rouergue où elle se montre si souvent, a la

(1) Pourcher, p. 137 et suiv.

« gueule presque semblable à celle du lion, mais beau-
« coup plus grande, des oreilles qui, dressées, passent
« la tête de quelques pouces et se terminent en pointe;
« le cou couvert d'un poil long et noir qui, étant héris-
« sé, la rend encore plus effroyable : outre deux rangées
« de grosses dents pointues, elle en a deux en forme
« de défense, comme les sangliers, lesquelles sont ex-
« trêmement pointues; ses jambes de devant sont assez
« courtes, mais les pattes sont en forme de doigts et
« armées de longues griffes ; son dos ressemble à celui
« qu'on nomme requin et cayman, il est couvert d'écail-
« les terminées en pointes ; ses pattes de derrière sont
« comme celles d'un cheval, et il s'y dresse dessus pour
« s'élancer sur sa proie; sa queue est semblable à celle
« du léopard, et est même un peu plus longue, son
« corps est de la longueur de celui d'un veau d'un an,
« couvert de côté et d'autre d'un poil ras de couleur
« rousse et il n'en a point sous le ventre. » (1).

Il est inutile d'ajouter que l'animal ainsi fantasti-
quement décrit n'avait de réalité que dans le cerveau
des auteurs de la relation citée.

Il ne faut pas s'étonner de voir faire une description aussi fantaisiste par des personnes qui, vivant loin
de là, n'avaient jamais aperçu l'animal en question,
puisque M. Duhamel qui l'avait lui-même pourchassé,
vu et serré de près, dans une lettre à l'Intendant d'Auvergne, en faisait un portrait assez singulier :

(1) *Ibid.* p. 150, ANDRÉ. Bullet. de la Soc. d'Agr. de la Lozère.
1872. p. 100.

« Je vous envoye, M., le détail « exat » de la figure
« de la Bête féroce après laquelle je cours. »

« Cet animal est de la taille d'un taureau d'un an.
« Il a les pattes aussi fortes que celles d'un ours, avec
« six griffes à chacune de la longueur d'un doigt, la
« gœulle *(sic)* extraordinairement large, le poitrail aussi
« long que celui d'un léopard, la queue grosse comme
« le bras est au moins de quatre pieds de longueur, le
« poil de la bête noirâtre, les yeux do la grandeur de
« ceux d'un veau et étincelants, les oreilles courtes
« comme celles d'un loup et droites, le poil du ventre
« blanchâtre, celui du corps rouge avec une raye noire
« large de quatre doigts depuis le col jusqu'à la
« quüe *(sic).* »

« Je crois que vous penserez comme moi, que cet
« animal est un monstre dont le père est un lion; reste
« à savoir quelle en est la mère. »

« J'avois reçu des ordres pour rentrer avec mon
« détachement dans son quartier, mais huit jours après
« y être rentré, S. A. Mgr le comte d'Eu m'a envoyé des
« ordres pour retourner à la poursuite de ce monstre
« avec le même détachement. Je suis arrivé ici le 10 de
« ce mois, avec ordre de suivre cet animal partout où
« il yra jusqu'à ce que je l'ai enfin entre les mains.... »

　　　　　　　　　　　　　　　« DUHAMEL. » (1).

La génération actuelle sourit à l'imagination naïve
et féconde de ce brave officier, et ne souscrit point à ce

(1) Archives du Puy-de-Dôme. C. 1731. Doc. inéd.

portrait « exat » que démentirent catégoriquement les captures faites plus tard et l'inspection de toutes les bêtes qui tombèrent une fois ou l'autre sous les coups des chasseurs (1).

On ne s'explique pas d'où pouvait venir cet étonnant mirage, cette exubérante exagération !

Ce qui était indiscutable, c'était l'existence même de la Bête qui semblait prendre plaisir à attester sa présence et déceler ses instincts sanguinaires par des méfaits sans cesse renouvelés.

Le 2 Janvier, elle est au Mazel de Grèzes, près Saugues. On lit, en effet, dans les registres de paroisse:

« L'an mil sept cens soixante-cinq et le deuxième « du mois de janvier, a été dévoré par la bette féroce « Jean Châteauneuf, du Mazel, sur notre paroisse, âgé « d'environ 14 ans, et les débris ont été enterrés le len- « demain au cimetière de cette paroisse, tombeau de « ses prédécesseurs, en présence de Jean Maurin et de « Jean Bret, qui ont déclaré ne sçavoir signer de ce en- « qui et requis. »

« Signé : DE ROCHEMURE. » (2)

Au jour même où se faisaient les prières ordonnées, elle apparaît à Chaudesaigues.

« A Chaudesaigues, le 7 janv. 1765.

« Mgr... J'ai cru qu'il est de mon devoir d'instruire « Votre Grandeur du dégât que cette beste farouche

(1) L'abbé Trocellier, curé d'Aumont, dans une relation qui a été conservée, fait aussi un portrait peu fidèle de l'animal poursuivi.

(2) Reg. de Grèzes. Greffe de Riom.

« vient de faire le six du présent mois dans notre voi-
« sinage où elle a égorgé dans le même jour une fem-
« me et une fille dans deux endroits différents et éloi-
« gnés d'une demy lieue l'un de l'autre. »

« Le premier cas, Mgr, est arrivé à un village qu'on
« appelle Saint-Juéry (1), limite de l'Auvergne et du
« Gévaudan. Une femme estoit vers les dix heures du
« matin dans son jardin pour y ceuillir des herbes pour
« mettre au pot, cette beste ly aperçut et fut à elle, la
« saizit par le col, luy a fait une ouverture aux mame-
« les et luy a mangé la face. »

« Le second est arrivé le même jour à 11 heures
« du matin, dans un petit bois qu'on appelle de Mon-
« clergue situé sur la paroisse de Maurines pendant
« qu'on disoit la grand-messe, une fille passant dans
« le bois fut attaquée de cette beste et fut égorgée
« comme la première. Lesdits accidents sont arrivés
« à une lieue de cette ville, ce qui jette l'épouvante
« dans tout le pays. »

« Signé : AZEMAR. » (2).

(1) « Acte de décès. Delphine Courtiol, femme à Etienne
« Gervais, de Saint-Juéry, décédée le six janvier 1765, enterrée
« le lendemain. Les parents ont assisté à sa sépulture.
« D'APCHER, curé. »

« Avis. — La susdite Delphine Courtiol a été dévorée dans
« son jardin, audit lieu de Saint-Juéry, par une bête féroce
« inconnue qu'on prétend être une hyène et qui, depuis le mois
« d'août qu'elle est dans le diocèse, y a causé des ravages
« affreux. » (POURCHER, p. 163.)

(2) Archives du Puy-de-Dôme. C. 1731. Doc. inédit.

De là, six jours après, le 12 janvier, la Bête vient attaquer, de l'autre côté de la Margeride, dans la paroisse de Chanaleilles près Saugues, les sept enfants du Vileret d'Apcher.

Ces enfants, cinq garçons et deux filles, par une sage mesure de prudence en usage dans ces jours dangereux, s'étaient réunis ensemble pour garder leurs troupeaux. Chacun d'eux était armé d'une pique ou d'une lame de couteau solidement emmanchée au bout d'un bâton. Soudain, l'horrible Bête est devant eux. Portefaix, Pic et Couston, les trois plus âgés, — ils avaient à peine douze ans, — lui font face et abritent derrière eux les fillettes, Madeleine Chausse et Jeanne Gueyfier, et les deux autres enfants. C'est Portefaix qui dirige la défense. La Bête se met à tourner autour, les enfants aussi, les piques en avant. Mais elle, plus agile, d'un bond saute à la gorge de Panafieu, l'un des plus petits qui était derrière. Les trois grands fondent sur elle, et à coup de piques lui font lâcher sa proie. Elle se retire à deux pas, emportant une partie de la joue de l'enfant, puis revient avec fureur, tourne toujours et se jette sur le petit Veyrier qu'elle renverse. Repoussée encore une fois, elle bondit avec rage et saisit à nouveau Veyrier par le bras et l'emporte.

La troupe se précipite sur elle avec ses piques, mais ne peut lui faire lâcher prise. Le pauvre enfant va périr, lorsque Portefaix et Couston se divisent et obligent le loup à passer à travers un bourbier qui se trouvait à quelques pas. Ce bourbier ralentit sa course et

les enfants peuvent le rejoindre. Comme les coups
portés par derrière restaient sans effet, Portefaix sug-
gère à ses compagnons de frapper à la tête, dans les
yeux et dans la gueule.Ces efforts incessants qui le har-
cèlent et l'obligent à se défendre empêchent le monstre de mordre sa victime. Dans sa rage, il fausse avec
ses dents la pique de Portefaix. Enfin, sur un dernier
coup qui le blesse à la tête, l'animal fait un bond en
arrière et abandonne l'enfant. Aussitôt Portefaix se
met devant Veyrier qu'il protège de son corps et de
son arme, et le monstre bientôt poursuivi par tous les
autres, finit par prendre la fuite.

Une assez longue relation — nous en avons abrégé
le récit — fut faite alors de cet événement (1).

Portefaix reçut, ainsi que ses compagnons, diverses gratifications. Elevé aux frais de l'Etat, il entra
dans le corps du génie et mourut lieutenant du corps
d'artillerie pour les colonies à Douai, en 1785.

On a quelque peine à croire que ce soit une seule
et même bête qui ait commis ces divers méfaits,dans un
si court délai et en des lieux si éloignés l'un de l'autre.

Le loup se repaît, une fois gorgé, il se terre dans
son antre et attend que la famine le pousse pour se
mettre de nouveau en chasse.

Ici rien de tel. Une victime était dévorée le matin,
une seconde égorgée le soir. Bien plus, deux personnes
étaient quelquefois jugulées à deux ou trois heures
d'intervalle.

(1) Archives de Montpellier. POURCHER, p. 165 et suiv.

Et alors comment expliquer dans plusieurs individus cette même communauté de goût pour la chair humaine, et cette similitude de procédés dans les attaques et la manière de dévorer les victimes ?

Ne serait-ce point une portée de louveteaux que leur mère, un jour de pénurie et de trop grande faim, aurait nourris avec de la chair humaine ?

On sait la prédilection qu'ont les animaux pour les aliments qui leur ont été donnés en pâture dans leur jeune âge et pour lesquels ils gardent plus tard une préférence très marquée. Ces fauves durent trouver à la chair humaine une saveur particulière et purent garder pour elle un appétit si irrésistible qu'il leur fît surmonter cette timidité, cette répulsion naturelle qu'a le loup pour le voisinage de l'homme, et les poussa à venir rôder incessamment autour des villages pour guetter et atteindre leur proie.

Certains sauvages du nouveau continent ne trouvent-ils pas succulente la chair humaine qu'ils dévorent avec une évidente satisfaction ? Est-il donc étonnant que ces loups aient trouvé un goût préféré à cette chair dont ils devinrent insatiables ?

Et peut-être même ces loups, ainsi copieusement gorgés, durent-ils à cet aliment d'un nouveau genre, ce développement remarquable et ces plus grandes proportions qui caractérisent les bêtes fauves tuées dans ces chasses, ainsi qu'il sera dit en son lieu ?

Ce qui semble encore plus singulier, c'est le nombre d'animaux extraordinaires que l'on voyait en même temps, en des lieux très distants les uns des autres.

M. Vigier, consul de Saint-Flour, dans une lettre du 14 janvier 1765, annonce à l'Intendant d'Auvergne que la Bête féroce, ou du moins son semblable, vient de paraître aux environs de Durfort et de Sourssac en Limousin, où elle a dévoré un enfant qui gardait les brebis.

« Le père de cet enfant, qui est accouru à son « secours, a eu une joüe entièrement emportée, et « deux autres voisins qui étoient égallement accourus « ont reçu des coups de griffe dans le visage ou sur « les bras ; ces trois personnes ont passé icy hier di- « manche pour aller chés Madame de Sourniac, pour « se faire penser, croyant avoir été mordues par un « loup enragé » (1).

D'autre part, M. Pagès de Vixouses rappelait qu'il y a 18 ans, on avait vu un animal semblable dans les environs d'Aurillac (2). Un berger fut attaqué à deux pas de sa porte par cet animal. Il en garde encore la marque le long du visage et à la tête. Cet animal le mordit au sein dont il emporta une partie. Celui du Gévaudan doit être de la même espèce (3).

(1) Invent. des Archives du P. de D., p. 80.

(2) Près de cinquante ans auparavant un loup féroce s'était montré dans la paroisse de Lezoux : « 12 sept. 1716. J'ay en- « terré Gabrielle Challi, décédée le jour précédent munie du « sacrement de Pénitence. Cette femme avait été mordue d'un « loup enragé, et elle devint enragée.... *Signé*, PARIZET, curé « de Saint-Pierre de Lezoux ».   (*Reg. de Lezoux.*)

(3) Archives du P. de D. C. 1731.

Que fallait-il croire de ces récits divers ? Quelle était dans ces assertions la part de l'imagination et la part de la vérité ? Ce n'est point à cette distance des faits accomplis que l'on peut avoir la prétention d'élucider la question et de faire complètement la lumière.

Ce qui contribuait à jeter le trouble dans les esprits, c'était la cupidité des paysans qui, parce qu'ils avaient vu allouer certaines indemnités aux enfants et aux grandes personnes attaquées et blessées par la Bête, se donnaient quelquefois le rôle imaginaire de victimes pour apitoyer sur eux la commisération des pouvoirs publics et solliciter ainsi une aumône rarement refusée.

Le 13 janvier, un certain Géraud, métayer au domaine de Boulan, appartenant à M. d'Estremons, bourgeois de Mauriac, revenait de cette ville, à une heure un peu tardive. Il fut soudain attaqué par la Bête. Mais comme il avait un gros bâton, il sut se défendre, la mit en fuite et en fut quitte pour quelques blessures.

Son récit paraissant un peu louche, M. de Tournemire vint faire une enquête et ne tarda pas à découvrir la supercherie du paysan qui, disait-il, « était « hyvrogne, et en cette année les vins du Limousin « sont fumeux ».

Qu'arriva-t-il ? On emprisonna, pour en avoir imposé, le paysan trompeur, et le 8 février, M. de St-Florentin écrivait à M. de Ballainvilliers que l'on avait bien fait de mettre en prison pour quelques jours cet homme : « Cette punition pouvant servir à contenir ceux qui auroient envie de se servir d'un pareil stratagème pour se procurer quelque gratification » (1).

(1) Archives du P. de D. C. 1732.

CHAPITRE IV

—

La chasse du 7 février 1765
par le Gévaudan, l'Auvergne, le Rouergue

Ces exagérations et ces cupides supercheries n'enlevaient rien de leur triste réalité aux douloureux méfaits commis par la Bête.

Celle-ci, en cette période, semblait fréquenter de préférence la région d'Auvergne contiguë au Gévaudan.

Le 20 janvier, le sieur Montbriset, de Brioude, faisait connaître à l'Intendant ce que l'on apprenait d'elle :

« Le sieur Altaroche, correspondant de cette subdélégation à Massiac, m'a donné avis par sa lettre du 18 du présent que la Bête féroce qui se tient dans les bois de la Margeride, avoit paru, ces jours passés, du côté de la Chapelle-Laurens, et qu'elle y avoit dévoré lundy dernier un jeune garçon de l'âge de 13 ans, du village de Lescure, paroisse de la Chapelle-Laurens. Par sa même lettre, il me marque qu'on a fait le lendemain une battue générale dans ce canton, mais qu'on ne l'a pas trouvée. Le sieur Romeuf, correspondant à la vôtre, m'apprend aussy par une lettre du 19 que cette bête a dévoré, le 15 de ce mois, une fille du village de la Bastide, paroisse de Lastiq, et que, malgré les chasses journalières que l'on fait pour la détruire, il n'est pas possible de la joindre » (1).

Que faisait donc pendant ce temps-là M. Duhamel? M. Duhamel n'était informé que tardivement des événements arrivés ; aussi, dans une lettre du 25 janvier, il se plaignait amèrement contre M. de Montluc, le subdélégué de Saint-Flour, de ce qu'il ne l'avait point averti du retour de la Bête en Auvergne, ni des ravages qu'elle y avait commis, et qu'il venait d'apprendre, c'est pourquoi il s'y rendait en toute hâte avec ses dragons.

« Un consul du village de Julliange, en Gévaudan, vint m'avertir que la veille une femme du village de Chabanole, de la généralité d'Auvergne, qui n'est qu'à une demi-lieue du Gévaudan, avoit été attaquée et dévorée par la Bête féroce.... Je m'y portai sur le champ, mais le cadavre étoit déjà enlevé et enterré. »

« Je fis battre également tous les bois jusqu'à Saint-Flour, où je vins coucher pour marquer à M. de Montluc la surprise où j'étois de différents événements arrivés dans son département sans en avoir la moindre nouvelle. »

« Je ne trouvai pas M. de Montluc » (2).

Celui-ci, pour se défendre du retard dont on l'incriminait, expliquait que les passages du loup étaient si rapides qu'il lui était impossible d'obtenir et de donner, en temps voulu, des renseignements précis.

(1 et 2) *Ibid.,* C. 1731. Doc. inéd.

Cependant la Cour, que de fréquents messages tenaient au courant de la situation, s'était émue de la continuité de ces malheurs et de l'insuccès des efforts faits jusqu'ici.

Il fallait tenter un grand coup, et par l'appât d'une grosse récompense stimuler les ardeurs et les courages et mettre enfin un terme à tous ces maux.

Le 27 janvier, le Contrôleur général, M. de l'Averdy, invite M. de Ballainvilliers « à faire afficher en Auvergne, ainsi qu'on va le faire en Languedoc, que le Roy accorde une somme de 6.000 livres à celui qui tuera cette bête, et à ordonner, lorsqu'elle sera tuée qu'elle soit vuidée et arrangée pour en conserver la peau et même le squelette qui sera envoyée icy pour être déposée au jardin du Roy. »

Il donne aussi des indications utiles pour faire les battues (1).

Les curés devaient lire au prône ces affiches, afin que les habitants fussent instruits de la récompense promise.

De plus, M. de Tournemire, subdélégué à Mauriac, dans son élection, leur recommandait, « dans le cas où cette bête viendroit à se montrer dans leur paroisse, de lui en donner avis sur-le-champ par un exprès qu'il payeroit, pour les mettre à portée d'être prévenus dans l'instant. » Enfin, ils devaient recommander à leurs paroissiens, en cas d'événement, de s'adresser tout de suite à eux (2).

(1 et 2) *Ibid.*, C. 1731, Doc. inéd.

C'était un bien joli denier que la récompense promise! Les 6.000 livres du roi, les 2.000 des Etats du Languedoc, les 1.000 livres de l'Evêque de Mende et les 200 livres des syndics de Gévaudan et de Vivarais, en tout 9.400 livres, constituaient presque une fortune, à cette époque, pour l'heureux mortel qui aurait la chance de jeter bas le monstre.

Oh! l'heureux coup de fusil! C'était plus qu'au poids de l'or qu'allait être payée la balle fortunée qui frapperait la bête.

Aussi, que de rêves dorés vinrent illuminer les modestes demeures qu'habitaient les robustes chasseurs de ces montagnes! De quelles chimères l'on se repaissait, et quelles félicités l'on se forgeait sur l'espérance d'un coup bien dirigé!

Aussi, les fusils furent mis en état, les balles scrupuleusement et minutieusement travaillées, on lima des lingots de fer, le plomb n'ayant pas assez de consistance pour pénétrer la Bête.

Tout ce qui portait une arme voulut tenter la fortune.

Et cette Bête qui ne voulait pas se laisser tuer!

..... « La véritable Bête féroce cause toujours les mêmes ravages entre St-Flour et Massiac. Elle traversa, le 27 janvier, le village de St-Poncy, et les consuls la virent de fort près, dans le territoire de cette paroisse. Le 30 janvier elle a pensé dévorer une fille qui lavoit du linge au ruisseau de Montchamp, et on soupçonne qu'elle a tué une jeune fille qu'on ne retrouve plus à la paroisse de Lorcières, on craint même qu'après en avoir dévoré partie, elle n'ait enterré le reste du corps, comme elle avoit fait le 22 janvier de la femme du nommé Chabannes. »

« Le 7 de ce mois, j'ai recommandé une chasse générale, dans les paroisses des deux subdélégations qui environnent les lieux où cette Bête a paru, et j'espère tout du zèle avec lequel s'y portent les gentilshommes et les habitants de ces paroisses (1). »

Dans un premier placard affiché pour annoncer la récompense promise, M. de Ballainvilliers ordonnait les mesures suivantes :

ARTICLE Ier. — Un nombre suffisant d'habitants des paroisses de notre généralité, qui sont exposées aux incursions de la Bête féroce, seront tenus, aux premiers ordres qu'ils recevront de notre part par nos subdélégués, de se transporter armés, de la façon qu'il sera ci-après expliqué, dans les lieux qui seront indiqués pour donner la chasse audit animal.

ART. II. — Ces habitants seront armés, les uns de baïonnettes et fusils chargés de lingots, les autres de sabres, d'autres de fusils et de sabres ; et enfin, ceux qui n'auront pas la facilité de se procurer ces sortes d'armes seront armés de fourches de fer, de piques et autres armes offensives.

« ART. III. — Ordonnons qu'il sera placé, dans les villages les plus exposés, deux hommes armés en état de défense pour combattre la Bête féroce en cas que

(1) *Ibid.* 1731, Doc. inéd.

par l'effet de la chasse elle vienne à se jeter dans ces villages. »

« ART. IV. — Pour parvenir à faire tomber la Bête féroce dans les embuscades qui lui seront tendues, ordonnons qu'il sera commandé par nos subdélégués un certain nombre de chasseurs bien armés à l'effet de battre la campagne et les bois, se porter en avant et chasser la Bête. »

« ART. V. — Lorsque les dits habitants se seront transportés au lieu et à l'heure indiqués par notre sub. délégué, il sera nécessaire qu'ils se divisent par pelotons composés de plus de cinq personnes et assez distants les uns des autres pour que l'arme à feu ne puisse blesser ceux qui composeraient un autre peloton. Ces pelotons seront placés aux différents endroits par où la Bête pourrait s'échapper. »

« ART. VI. — Ces pelotons demeureront à leurs postes sans pouvoir courir sur la dite Bête que dans le cas d'une nécessité absolue. »

« ART. VII. — Ne pouvant prévoir où la Bête féroce paraîtra, et par conséquent désigner les paroisses qui peuvent être employées à chasser cette Bête, nous autorisons nos subdélégués à donner les ordres nécessaires suivant les circonstances : enjoignons aux dits habitants de se conformer à ce qui sera prescrit de notre part par nos subdélégués. »

« ART. VIII. — Dans le cas où la Bête serait tuée par aucun des habitants, il sera tenu de nous l'apporter aussitôt à Clermont et de nous la présenter sans être en aucune façon mutilée ; si ce n'est des coups qu'elle pourra avoir reçu quand elle aura été attaquée. »

« ART. IX. — Faisons défense à aucun des dits habitants sous prétexte de chasser et hors d'icelle de tirer sur aucune espèce de gibier à peine de cinquante livres d'amende. »

« ART. X. — Ordonnons que si on parvient à tuer la dite Bête féroce, il soit sur le champ dressé procès-verbal sommaire de la façon dont elle aura été atta-quée et détruite. Lequel procès-verbal sera fait en présence de deux notables, consuls ou autres, s'il s'en trouve, et fera mention du nom et qualité de celui qui aura tué la dite Bête féroce. »

« ART. XI. — Dans le cas où il s'élèverait quelque difficulté ou querelle entre ceux qui prétendraient avoir concouru à la destruction de la dite Bête féroce, ordonnons que par provision elle nous sera conduite à Clermont par un des consuls de la paroisse où elle aura été tuée, sauf à ceux entre lesquels la dispute se serait élevée à se retirer devant le subdélégué du lieu qui dressera procès-verbal des dires des parties pour nous être envoyé. »

Signé : Bernard BALLAINVILLIERS (1).

Un second avis, également imprimé, et commen-çant par la description de la Bête, afin que personne n'en ignorât, réglait par le menu les dispositions de la chasse qui allait se faire :

(1) Archiv. du Puy-de-Dôme. C. 1731. POURCHER, p. 200 et suiv.

« A St-Flour, le 1ᵉʳ février 1762. »

« Vous n'ignorez pas, Messieurs, qu'il rode depuis trois mois un animal étranger qu'on croit être un léopard, de la grandeur d'un veau d'un an, la tête grosse, le museau pointu, le corps allongé et effilé sur le train de derrière, le poitrail fort ample, son poil est d'un brun tirant sur le roux, avec une raye de quatre doigts quasi noire sur le dos, depuis la tête jusqu'à la queuë qui est ramue et longue jusqu'à terre, le poil du poitrail gris blanc ; ce monstre ayant fait un ravage considérable, le gouverneur du Languedoc a chargé un détachement des volontaires de Clermont de lui donner la chasse, et en conséquence de commander les paroisses et tout ce qui seroit nécessaire pour parvenir à sa destruction, même de le faire suivre en Auvergne s'il y passoit... »

« Comme ce détachement se trouve actuellement arrassé (*sic*) par les travaux immenses qu'ils ont faits pour le détruire, il a déterminé qu'il seroit fait une chasse générale quelque temps qu'il fasse, Jeudi, septième du présent, tant en Gévaudan qu'en Auvergne, dans les parroisses nécessaires à cette opération. Cette Bête féroce, errant actuellement depuis une quinzaine de jours, dans les parroisses au-dessus de la Margeride du côté Nord, il paroit nécessaire que les paroisses depuis les rives de l'*Alagnon* se mettent en mouvement. »

« Elles recevront en conséquence des ordres de

leurs subdélégations, et que chaque village batte exactement son territoire, menu par menu, car cette bête se tient aussitôt derrière un buisson, dans une rase, fougère, etc., que dans le bois, et fort difficile à débusquer, (il paraît que la finesse de sa vue et de son oui (*sic*) est le principe de sa ruse). »

« Vous voyez par là que ce qu'on demande à chaque Paroisse qui recevra des ordres pour marcher n'est pas difficile à remplir puisque ça se réduit uniquement à faire battre à chaque village son terrain. Il n'y a que les paroisses limitrophes de la Margeride toutes dans les subdéléguations de Brioude, Langeac et de Saint-Flour, qui auront de plus tous les bois de la Margeride à battre, ce qui peut se faire en une heure, ou tout au plus en une heure et demie au petit pas, puisqu'il n'y a qu'à les traverser exactement devant soi, en gagnant vers le midi, et s'arrêter à la vue du Gévaudan, observant de conserver la chaine pour prévenir les accidents qui pourraient arriver en tirant dans le bois....... »

« ..... Il sera fait aussi une chaîne sur le grand chemin depuis le pont de Garraby jusqu'à Lagarde, par les paroisses d'Auvergne, dans le même ordre qu'elles observent à l'attelier lorsqu'elles travaillent au chemin. Il y a à espérer que d'après ces précautions prises, ce monstre sera tué, il peut même être forcé dans cette chasse. Comme il a pénétré deux fois en Auvergne par la même route, il est à présumer qu'il fera sa retraite par le même endroit, qui est très favorable à sa destruction, étant dans un pays que l'œil observe de fort loin. »

« Il est ordonné aux habitants des paroisses de se mettre en chasse dès la pointe du jour indiqué pour cela, et MM. les gentilshommes et principaux habitants des dites paroisses sont instamment priés de les faire manœuvrer et de ne laisser prendre de fusil qu'à ceux qui ont une longue expérience de s'en servir, il seroit dangereux, veu la grande quantité de monde répandu dans les campagnes qu'il n'y eut quelqu'un de tué. »

« Tout le monde doit sçavoir que les ordonnances du Roi défendent expressément de tirer sur le gros et menu gibier, il n'est permis que de tirer au loup comme animal nuisible, et même sans se déranger de l'objet principal. On a fait la peinture du monstre pour qu'il soit connu et qu'il ne soit point donné de fausse alerte et que l'on puisse faire connaître l'endroit où il aura passé en allumant du feu sur les hauteurs les plus voisines du village où il aura fait route à l'entrée de la nuit............ »

« P. S. — Je viens d'apprendre, dans le moment que la Bête féroce a quitté la Margeride, et que mercredi 30 janvier, elle a été au lieu de Charmensac, paroisse de Saint-Just, où elle a attaqué une jeune fille de 14 ans, qui s'est longtemps débattue avec elle, même l'a terrassée plusieurs fois ; mais l'ayant mordue à la cuisse et renversée, cette Bête lui a déchiré le visage et le col, au point qu'on n'espère pas qu'elle en revienne. Le moment d'après, elle a passé au-dessous du village de Saint-Just, et a été vue de plusieurs personnes qui ont heureusement sauvé une femme qui lavoit son linge au ruisseau que cette Bête guêtoit. Ces faits là sont sûrs, ce qui fait que dans l'arrangement de la chasse générale du 7 février, nous croyons devoir changer les dispositions qui portent qu'il sera fait une chaîne tout le long de la grande route de Garraby à la Garde par les paroisses d'Auvergne qui travaillent à cette partie du chemin ; elles seront au contraire employées chacune à battre leur terrain, village par village, et même un village où il y auroit vingt hommes par exemple, fairoit très bien de se diviser en pelotons de cinq hommes armés de fourches, âches, etc., qui prendroient chacun un côté de leur territoire............ »

« ... La chasse du jeudi, 7 février, se fera de grand matin. » (1)

Enfin, si cette chasse générale n'était pas couronnée du succès désiré, M. Duhamel avait tout organisé, pour que les battues et les poursuites pussent recommencer le lundi suivant dans les mêmes conditions.

On fondait sur cette chasse du jeudi de grandes espérances. Soixante-treize paroisses de Gévaudan, trente de l'Auvergne, et quelques-unes du Rouergue, un ensemble d'environ 20.000 hommes, devaient former un cercle qui peu à peu se resserrant allait enfermer comme dans un étau le monstre poursuivi. Chaque paroisse se mettait en mouvement à une heure qui lui avait

(1) Archiv. du P. d. D. C. 1732.

été indiquée, et tous les efforts convergeaient vers un centre commun où étaient postés les meilleurs tireurs.

La bête serait bien habile si elle parvenait à franchir ce cercle de rabatteurs qu'appuyaient des tireurs aux aguets. Sans doute il y avait les grands bois, les épais taillis de pins, mais les traqueurs faisaient tant de bruit, poussaient des cris si vigoureux qu'ils la feraient bien déloger. Cette fois on était presque sûr d'en venir à bout, d'autant plus qu'on savait où la lever.

Aussi les pauvres mères virent une lueur d'espérance pénétrer dans leur âme ; c'est bien en ce jour qu'allaient finir ces terreurs journalières qui les assiégeaient sans relâche.

Les chasseurs jetaient un coup d'œil bienveillant sur leur arme. Qui sait si de ce canon ne sortirait pas la balle fortunée qui devait gagner la récompense promise, et faire de son possesseur l'heureux héros de la journée ?

D'aucuns firent bénir les balles avant de les glisser dans leur fusil : la bénédiction de l'Eglise ne peut que porter bonheur.

Et là-bas, à Paris, la cour attendait avec anxiété le résultat de cette journée.

Hélas, cette journée devait être pour tous une immense déception !

Les opérations faites en Gévaudan sont ainsi racontées par M. Lafont : « Nous nous mîmes en chasse, jeudi, le 7ᵐᵉ jour de ce mois, de grand matin. Soixantetreize paroisses du Gévaudan furent en mouvement ;

presque toutes avaient chacune à leur tête, outre leur consul, une personne notable dirigeant les opérations que M. Duhamel ou moi leur avions indiquées. »

« Cette chasse était encore composée d'environ 30 paroisses d'Auvergne, et de plusieurs du Rouergue..... »

« Le pays était couvert d'un demi-pied de neige. Le temps, quoique froid, était calme et serein. Sur les 10 à 11 heures, la Bête fut lancée par les chasseurs de la paroisse de Prunières. Elle gagna les rives de la Truyère, dont le bord opposé se trouva malheureusement dégarni, quoique suivant les dispositions faites et ordonnées par M. Duhamel, il eut dû être gardé par les habitants de la ville et paroisse du Malzieu. Le vicaire de Prunières et dix de ses paroissiens se jetèrent dans la rivière et la traversèrent à pied, et presque à la nage, nonobstant la rigueur de la saison. Ils suivirent la Bête pendant longtemps à la trace, la perdirent ensuite dans les bois qui ont beaucoup d'étendue. Elle fut rencontrée, à une heure de l'après-midi, par le valet de ville du Malzieu et quatre paysans de cette paroisse. Le fusil du valet de ville fit faux feu, un des paysans la tira à balle forcée. La Bête tomba au coup sur ses deux jambes de devant en poussant un grand cri que les cinq chasseurs entendirent. Elle se releva promptement ; ils la poursuivirent jusqu'à la nuit sans pouvoir l'approcher d'assez près pour la tirer. Ces chasseurs vinrent nous trouver, le lendemain, vendredi, à Saint-Alban, chez M. le comte de Morangiès où

M. Duhamel et moi nous nous étions rendus. Ils nous confirmèrent tout ce que je viens d'avoir l'honneur de vous dire. Ils ajoutèrent qu'en suivant la Bête ils avaient trouvé quelques gouttes de sang, mais le valet de ville crut que ce n'était point de cet animal, d'autant mieux qu'il n'en avait point laissé à l'endroit où ils l'avaient tirée. Il prétendit que ce sang avait été répandu par un paysan de la troupe que son sabot avait blessé au talon. »

« M. le comte de Morangiès présumant sur ce rapport que la Bête pourrait se trouver dans le voisinage du lieu où l'on l'avait tirée, nous proposa de faire faire avant la chasse générale indiquée pour lundi, une chasse particulière d'un certain nombre de paroisses voisines, et de la fixer à dimanche, le temps étant trop court pour qu'elle pût être exécutée le lendemain, samedi. »

« En conséquence, M. Duhamel expédia des ordres pour 17 paroisses, qu'il fit porter par un détachement de ses dragons qu'il avait à Saint-Alban. Il en partit le soir pour y revenir le lendemain avec sa troupe qu'il fut prendre à Saint-Chély. »

« Le samedi, je fus au lieu de Javols voir un enfant de 8 ans que la Bête avait enlevé devant la porte de sa maison, le premier de ce mois, qu'elle entraîna environ 200 pas, et qu'elle abandonna ensuite, étant poursuivie par un homme et par un chien. »

« Dans le temps que j'étais à Javols, la Bête coupa la tête et le col, vers les trois heures de l'après-midi, à une jeune fille d'environ 14 ans, auprès du village de Mialanette, paroisse du Malzieu....... Un paysan qui l'aperçut emportant cette tête dans un bois, y accourut.... on trouva la tête entièrement rongée..... »

« M. le comte de Morangiès qui demeure à demi-lieue de Mialanette, accourut avec les gens de sa maison dès qu'il fut informé de l'accident. M. Duhamel s'y rendit dans le même temps, ils firent tendre des piéges ; on laissa le cadavre exposé à l'endroit où on l'avait trouvé, et M. Duhamel embusqua des dragons dans le voisinage et à la portée du fusil. Le lendemain dimanche, nous fîmes la chasse ordonnée sur les 17 paroisses, dont les habitants guidés par leurs seigneurs ou leurs consuls vinrent tous aboutir, en chassant, au lieu dont nous étions convenu. Il se trouva au point de réunion plus de deux mille personnes. Le terroir de Mialanette était dans l'enceinte de cette chasse. L'on battit longtemps les bois, le pays était couvert de neige. L'on n'aperçut nulle part aucune trace...... »

« Le lendemain lundi, l'on fit la chasse générale dans le même ordre que celle du jeudi, quoique le temps fut cruel, qu'il tombât beaucoup de neige, et que le vent fut des plus violents. L'on chassa depuis le matin jusqu'à la nuit, ce fut encore infructueusement. La Bête ne fut vue nulle part...... »

« Les deux chasses générales et particulières se sont faites dans le plus grand ordre. Il n'est arrivé aucune sorte d'accident quoiqu'il y eût environ vingt mille hommes en mouvement. Les seigneurs du pays les plus qualifiés ont été les premiers à donner l'exemple : M. le comte de Morangiès et M. son frère ; M. le comte d'Apcher et son fils, M. le comte de Saint-Paul et autres étaient à la tête des gens de leurs terres.... »

« On n'a aperçu que quatre loups à toutes ces chasses et il y en a eu un de tué le lundi » (1).

Dans la région d'Auvergne la chasse n'avait été ni plus facile, ni plus fructueuse :

« M. le comte d'Apcher, M. le prieur de la maison de Pébrac ont fait une autre chasse le même jour, sur les frontières de Gévaudan, et dans les bois qui avoisinent les paroisses de Charaix, Pébrac, Chazelles et Desges qui sont toutes placées sur les limittes de cette province (2).

« Il ne nous fut pas possible de pénétrer dans les bois, la quantité de neige et les brouillards qui n'ont cessé que d'aujourd'hui en ont été l'obstacle..... nous nous bornâmes à cotoyer les bois et à battre les bruyères voisines, sans apercevoir aucune trace de la Bête féroce qui parut le 5 du présent aux environs du bois du village de Lescure, paroisse de la Chapelle-Laurent, où je m'étois rendu pour faire faire la battue des bois..... » (3).

Enfin M. de Montluc, dans une lettre du 9 février, résume ainsi le résultat de la journée du 7 :

(1) Archiv. de l'Hérault. POURCHER, p. 209, et suiv.

(2) Lettre de M. Marie à Langeac. Archiv. du P. d. D. C. 1732.

(3) Lettre de M. Gueyffier, à Brioude. *Ibid*.

« La chasse du 7 n'a pas réussi..... je n'ay pas ouï dire qu'elle ayt été vue en Auvergne, où il faisoit ce jour-là un brouillard extrêmement épais....... »

« ..... Sa ruse étonne si fort le paysan, que c'est une opinion générale chez eux qu'il y a là-dedans quelque chose de surnaturel, et souvent même il est entretenu dans cette idée par gens lettrés en qui il a confiance. » (1).

Qu'il y eût ou non du surnaturel, une chose était incontestable, c'est que cet animal était bien difficile à tuer.

Tant d'hommes contre une seule bête, et c'est encore la Bête qui l'emportait !

Oh ! combien devaient être tristes ces déclins de journées, combien piteux ces retours de la chasse, les cavaliers épuisés, les chevaux harassés, les chasseurs exténués, et les rabatteurs, de la tête aux pieds, trempés jusqu'aux os par la neige, par le givre des taillis et le brouillard pénétrant de ces montagnes, les uns et les autres ayant perdu l'espérance qui, le matin même, leur mettait au cœur cette flamme de vaillance, bien nécessaire pour supporter ces dures fatigues auxquelles la nuit seule mettait un terme.

Et alors pour les pauvres mères, les terreurs ni les angoisses n'étaient donc point finies, et de longues journées allaient donc encore se lever, où il faudrait vivre dans les transes, et s'attendre à chaque instant à apprendre qu'un de leurs enfants venait d'être la proie de la Bête cruelle !

(1) *Ibid.*

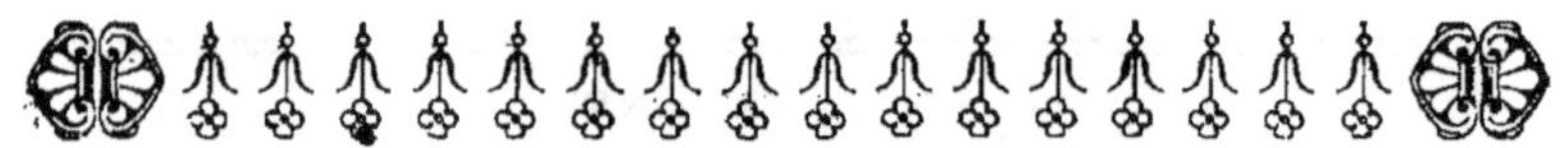

CHAPITRE V

M. Duhamel est remplacé par MM. Denneval

La Cour avait connu avec peine l'insuccès de ces dernières journées, et M. de l'Averdy, exprimait à M. de Saint-Priest, l'intendant de Languedoc, combien il avait été douloureusement affecté d'apprendre le résultat infructueux des chasses du 7 et 11 février.

D'où pouvait provenir un si pénible échec, et à qui devait-on en faire remonter la responsabilité ?

Depuis longtemps déjà des plaintes diverses avaient été formulées contre les dragons. Ils commettaient, dans les lieux où ils passaient, quelques excès, et se montraient parfois exigeants chez les paysans lorsqu'ils descendaient chez eux. Les récoltes et surtout les blés se trouvaient fort mal de leur présence, et, en somme, leur passage ne se faisait guère sans dommages incessamment renouvelés.

Un sieur de la Barthe, parce que l'un de ses fermiers avait été maltraité par eux, exprima ses plaintes à l'Intendant :

« Les dragons traitent le Gévaudan en pays de conquête, exigent tout sans payer. Les chevaux qui sont aussi nécessaires qu'une troisième roue à un chariot, détruisent les récoltes, et je crois qu'il ne manque plus que brûler pour avoir une vraie image de la guerre. Les plaintes se multiplient, et le paysan est au désespoir (1). »

On les accusait en outre, dans l'espoir d'obtenir seuls la récompense promise, d'éloigner les chasseurs et tous ceux qui pourraient avoir quelque chance de tuer la Bête.

M. Lafont, sur la demande de l'Intendant, fit une enquête afin de vérifier la réalité de ces allégations. Sans doute les dragons avaient d'abord fait quelques dommages aux blés en courant à travers champs, mais sur la représentation qui en fut faite à M. Duhamel, celui-ci y avait pourvu.

« M. Duhamel, disait-il dans son rapport, est d'un zèle infatigable, ayant extrêmement à cœur de réussir dans son entreprise, et d'avoir des attestations avantageuses sur sa conduite..... Il est d'un caractère vif ; peut-être même employa-t-il, eu égard aux circonstances, un peu trop de sévérité dans l'affaire du fermier de M. de La Barthe, mais c'est une suite de la ponctuation qu'il met et qu'il exige dans le service... »

« ..... Il est certain que pendant que j'étais à Montpellier, des dragons ont éloigné dans quelques occasions des chasseurs qui étaient à la poursuite de la Bête, d'où l'on a conclu que c'était par les ordres secrets de M. Duhamel. Je lui en ai parlé, non seulement il s'est très-fort défendu, mais il m'a encore très

(1) POURCHER, p. 182.

étroitement prié d'écrire dans les communautés, pour dissiper le préjugé où le public pouvait être à cet égard et annoncer que la chasse était ouverte à tout le monde..... »

« M. Duhamel s'est plaint à moi, à son tour, que bien des personnes du pays, qui, de leur côté, désireraient tuer la Bête, le voyent avec peine, ainsi que sa troupe, et qu'il lui avait été assuré que certaines gens avaient excité des paysans à porter plainte contre ses dragons pour qu'on les retirât. »

« Il est vrai qu'il s'est formé bien de petits partis pour la destruction de cet animal, sur lequel l'on fait des projets de fortune les plus vastes. Je ne suis pas sans m'appercevoir de bien de petites rivalités (1). »

Le rôle de M. Duhamel est ainsi caractérisé par l'abbé Trocellier, curé d'Aumont :

« Il se donna beaucoup de peine, et ne fit rien. »

L'étude impartiale des documents montre, en effet, qu'il n'épargna ni sa peine, ni ses efforts. Si le succès ne couronna point son entreprise, il serait injuste de lui en faire un reproche : on sait ce qu'il eut de luttes à affronter contre les difficultés des lieux, le naturel indocile des indigènes, et la rigueur de la saison.

Il avait compris que devant l'insuccès persévérant de ses efforts et la lassitude des populations, son rôle allait finir et la direction des opérations lui échapper prochainement : aussi, peut-être voulut-il, après la journée

(1) Arch. de l'Hérault, C. 44. Pourcher, p. 192 et suiv.

du 7, bénéficier une dernière fois de sa situation, et faire une tentative suprême dans celle du 11 février, afin de remporter le triomphe désiré.

Il y avait, là-bas en Normandie, un gentilhomme, M. Denneval, à qui ses exploits contre les loups avaient fait une certaine célébrité. Il en avait tué dans sa province, il en avait exterminé dans les provinces voisines ; bref, il ne comptait plus ses victimes, dont le nombre, dit-on, s'élevait à douze cents. C'était le plus célèbre louvetier de France.

La Cour jeta les yeux sur lui, et le pria de venir délivrer le Gévaudan.

Déjà même, avant la grande chasse du 7, l'Intendant de Languedoc avait reçu avis de M. de l'Averdy que « M. Denneval, gentilhomme de la province de « Normandie, voulait bien se rendre avec M. son fils, « capitaine au régiment des recrues d'Alençon, dans « le diocèse de Mende, pour y donner la chasse à la « Bête féroce qui y cause tant de ravages. Le talent « qu'il a pour cette espèce de chasse, ayant détruit des « loups toute sa vie, fait espérer qu'il parviendra à « nous délivrer, s'il est bien secondé (1). »

Le 20 février, M. de Montluc fait savoir à l'Intendant d'Auvergne que « M. d'Enneval doit s'être arrêté « à Massiac, où il est beaucoup parlé de la Bête qui « roule de ce costé-là. Effectivement, elle attaqua « samedi dernier un berger entre Massiac et Bonnac (2). »

(1) *Ibid.*, p. 237.
(2) Archiv. du P.-d.-D., C. 1732.

Le 21, M. Denneval annonce que « la Bête a été signalée à Massiac et qu'il y reste jusqu'à ce qu'il sache des nouvelles d'ailleurs..... elle ne marque que quatre doigts à la patte, comme un loup, et les ongles sont pouelüs, elle joue avec sa qüüe comme un chat lorsqu'il va se jeter sur quelque chose (1). »

« Nous sommes arrivés icy, le mardi gras. En passant par Massiac, j'appris que cette Bête devait être dans ces cantons. J'envoyais ici mon fils, et le même jour je fus à la Chapelle-Laurent, dans les montagnes, à pied, les chevaux n'y pouvant aller à cause des neiges tombées ci-devant. Il y avait eu un petit garçon mangé pas tout à fait. Le lendemain, à la messe, deux paysans qui l'avaient vue la dépeignirent à peu près comme une estampe que nous a donné l'Intendant de Clermont ; elle ne ressemble en rien à celle que vous avez vue, elle est haute comme un veau d'un an, fort allongée de corps et de tête, les oreilles courtes, elle est rousse de partout, excepté une raie brune sur le dos, la queue fort longue, et dont elle joue comme un chat qui cherche à se jetter sur sa proie. »

« Elle ne reste point en place, et travaille continuellement dans dix lieues environ de tour. Elle est d'une légèreté suprenante, j'ai été voir une de ses anciennes passées, *il y avait 28 pieds, d'un saut à l'autre, en plat pays.* »

« Cependant elle ne va pas toujours de même ; j'ai été visiter aussi de vieux bâtiments d'une métairie

(1) *Ibid.*

abandonnée. Il aurait fallut de la lumière ; surtout la neige éblouissait. L'on m'avait dit qu'elle y logeait mais je n'y trouvais que d'anciennes couchades..... »

« Il y a encore ici deux blessés à l'hôpital (1). Une femme d'un certain âge qui a le haut de la tête la joue, et une oreille emportés : on croit qu'elle n'en reviendra pas. L'autre, une jeune fille, a le bras mangé. Elle tue tout à fait, en coupant le col net et prenant toujours par derrière ou de côté, quand on n'est point secouru. »

« Dimanche dernier, une fille allant à la messe, elle lui sauta sur le corps, l'abattit et l'aurait dévorée, si elle n'avait pas été aussitôt secourue par un homme et des mâtins. Enfin tous les jours quelques nouvelles

(1) « L'animal anthropophage qui porte le trouble et la consternation dans le Gévaudan et dans l'Auvergne, donne de l'exercice aux chirurgiens de notre hôpital..... Ils ont actuellement entre les mains, deux jeunes filles que ce cruel animal a très-grièvement blessées. »

« L'une, nommée Catherine Boyer, âgée de 20 ans, fut attaquée le 15 janv. au village de la Bastide, parroisse de Lastic, à deux heures d'ici..... elle lui emporta d'abord avez ses griffes toute la partie chevelue de la tête, lui rongea ensuite une partie de l'os coronal et lui découvrit si fort l'os pariétal gauche, que le péricrâne manque avec tout le haut de l'oreille... »

« L'autre fille qu'on y a conduite aujourd'hui, est de la paroisse de St-Just, et n'est pas aussi blessée que la première. C'est une jeune personne de 14 ans, hardie comme un dragon, et qui eut le courage de lutter contre la Bête dès qu'elle lui sauta dessus. »

« L'animal lui porta un coup de griffe à l'oreille gauche et la lui détacha des muscles, la plaie continua jusqu'au bas du menton. Il lui en fit une autre au côté droit du nez, et lui en emporta la pointe jusqu'aux os carrés, avec la moitié de la lèvre supérieure. La fille prit la Bête par la patte, et, si elle avait eu un prompt secours, on croit qu'on l'aurait prise. » (POURCHER, p. 299 et suiv. Biblioth. nat. Lettre écrite de St-Flour.

découvertes. *Mais comme il y a beaucoup de loups, peut-être leur donne-t-on le nom de Bête.* Nous allons nous fixer à St-Chély et à la Garde, où l'on a remarqué qu'elle passe souvent pour traverser d'Auvergne dans le Gévaudan. »

« Cette Bête n'est nullement facile à avoir. Enfin, je ne perdrai courage qu'à la dernière extrémité. Nos chiens ne sont pas encore venus et ne sont pas prêts d'arriver. Nous avons été bien reçus partout. Nous dînons aujourd'hui chez l'Evêque. »

« Signé : DENNEVAL (1). »

Maintenant que nos chasseurs étaient en face les uns des autres, qu'allait-il arriver ?

Chasseraient-ils chacun de leur côté, ou bien réuniraient-ils leurs efforts pour tomber d'un commun accord sur leur ennemi ?

Il était convenu qu'ils s'aideraient mutuellement, mais bientôt la rivalité éclata, sourde d'abord, puis évidente et nullement dissimulée.

Les dragons faisaient toujours des battues, et cela déplaisait à M. Denneval qui craignait qu'on ne tuât la Bête sans lui, et par suite, qu'on ne lui enlevât la gloire et la récompense qu'il s'était promises.

Aussi le 4 mars, il écrivait à l'Intendant :

« A St-Chély. »

« Nous attendons nos chiens avec la plus grande impatience, mais il ne nous sera pas possible de

______

(1) Biblioth. nat. POURCHER, p. 247 et suiv.

de chasser si M. Duhamel et les dragons y restent, attendu qu'ils font journellement des batues, et que cela effarouche cet animal, au point de ne le pouvoir approcher. Ils le sçavent par expérience, depuis trois ou quatre mois qu'ils y sont sans l'avoir pu atteindre, aussi je vous prie de vouloir bien donner des ordres ou faire en sorte qu'il rejoigne son cartier, sans quoy nous serions obligés de nous en retourner dans notre pays. »   « Signé Denneval (1). »

On le voit, le conflit était aigu et l'accord entre les chasseurs impossible. Il y avait donc encore de beaux jours pour la Bête, aussi celle-ci ne chômait pas.

Le 21 février, elle avait attaqué, sur la route, Bonavel, aubergiste de Chanac; le 24, au Fau, paroisse de Brion, une fille de 7 à 8 ans qui mourut de ses blessures.

Le dernier février, deux femmes, des Escures, paroisse de Fournels, furent assaillies par elle, et le même jour, à Grandvals, une jeune fille enlevée, qui secourue à temps, n'eut presque aucun mal.

(1) Archiv. du P.-d.-D. C. 1732., doc. inédit.

CHAPITRE VI

Méthodes de destruction de la Bête
Départ de M. Duhamel

Une si grosse récompense promise avait fasciné les esprits et éveillé toutes les convoitises.

Si l'on trouvait un procédé de destruction, et si le succès en suivait la mise à l'essai, l'on aurait part, sans aucun doute, à la gratification annoncée.

Aussi les cerveaux se creusèrent, et les esprits ingénieux mirent à la torture leurs facultés inventives, pour découvrir une méthode qui pût faire périr infailliblement le monstre poursuivi (1).

---

(1) Là où l'imagination se donnait également libre carrière, et épuisait, sans vergogne, toutes ses ressources, c'était dans la confection des figures ou portraits de la Bête qu'en cette époque on répandait à profusion.

On la représentait de toutes les façons et sous les formes les plus invraisemblables, et ce qu'il y a de singulier, c'est que chacune de ces estampes, au dire de la légende qui l'accompagnait, « était très fidèle... le vrai portrait de la Bête. »

Ces gravures prématurées étaient passablement téméraires : on avait si peu vu cet animal jusque-là insaisissable !

Des complaintes étaient aussi colportées, et un apologue du *Mercure de France*, (août 1765), était ainsi formulé :

On ne se doute point de ce que sut imaginer de combinaisons saugrenues et de conceptions insensées l'imagination délirante de quelques inventeurs.

Le plan, aussitôt conçu, était envoyé à l'Evêque de

« LA BÊTE FÉROCE »

Fléau d'une province, un monstre anthropophage
Y répandoit le carnage et l'horreur.
Déjà cent malheureux, conduits sur son passage,
Avoient éprouvé sa fureur.
Pour se saisir de la Bête cruelle,
Un jour mille chasseurs battirent les forêts.
Mais, hélas ! trop faibles contr'elle,
Ils la virent braver leurs traits.
Et d'une cruauté nouvelle,
Etaler à leurs yeux les terribles effets.

Leur chasse, cependant, ne fut pas inutile,
Nombre de loups à qui ces bois,
Depuis longtemps, servent d'asile,
Y furent pris pour cette fois.
Petits brigands, quand la justice
Poursuit les scélérats fameux,
S'ils échappent à leur supplice,
Elle vous prend en courant après eux.
Et c'est toujours, faute de mieux,
Nous rendre un signalé service.

Pourcher, p. 309.

L'une des complaintes commençait par le couplet suivant :

Courage, chasseurs de France,
Partez pour le Gévaudan,
Allez-y en diligence,
Ne perdez pas un moment,
Poursuivre cette Bête
Qui ravage ce pays,
Et votre fortune est faite,
Si vous remportez le prix.

F. André, p. 32.

5

Mende ou à l'Intendant, pour être mis à exécution, et les archives de l'Hérault, (C. 44.) conservent plusieurs lettres, offrant chacune un système varié pour la destruction certaine de la Bête.

De ces lettres, reproduites par M. l'abbé Pourcher, (p. 253 et suiv.),nous ne citerons que les deux plus singulières, à titre de pure curiosité.

« Tuvel, le 18 février 1765.

« Monseigneur, permettez qu'après avoir présenté mes très humbles respects à votre Grandeur, j'ose me donner l'honneur de vous donner avis du moyen que je me suis proposé de représenter pour détruire entièrement le monstre affreux qui continue de troubler le repos général du public dans le royaume ; lequel par sa rapidité et ses ruses a le secret de se garantir de l'effet de la poudre et du plomb. En conséquence comme cet animal furieux ne fait sa proie que du sexe, ainsi qu'il est dit par le bruit commun, il conviendrait pour cet effet d'emprunter l'artifice pour que sa proie soit son véritable vainqueur. A cette cause, vu que ce monstre est acharné audit sexe, il faudrait qu'en tous les lieux qu'il paraitra qu'on fit des femmes artificielles, composées avec du plus subtil poison et les exposer sur les avenues différentes sur des piquets pliants pour inviter ce maudit animal à exécuter son indigne fureur et à avaler sa propre fin. En sorte que pour composer ces femmes postiches, c'est d'avoir premièrement trois vessies de cochons et le col d'une brebis ou mouton dépouillé à chaux vives.»

« Deuxièmement, la peau aussi d'une brebis et les boyaux en observant de bien faire raser ladite peau pour qu'il n'y ait ni poil ni laine. Ensuite avoir du sang des dites brebis ou agneaux avec de la bonne éponge pour en faire de pelotons qu'on attachera avec des petits morceaux de chair, pour mettre le tout dans les dites vessies et boyaux étant dûment préparés et assaisonnés avec ledit poison et faire des dites trois vessies la tête et les mamelles, et observer de faire peindre sur un papier ou un linge fin la figure d'une femme, qu'on pourra coller superficiellement sur la vessie qu'on destinera pour la tête. »

« Troisièmement enfin, lesdits boyaux seront distribués sous ladite peau à laquelle, il serait bon qu'on y laissa un peu de chair contre, aussi duement poudrée du dit poison pour que ce monstre puisse trouver de quoi mordre partout où ses cruelles dents donneront pour s'éterniser entièrement, ainsi que je le souhaite. »

« Voilà, Mgr, ce que votre serviteur a cru devoir représenter à votre Grandeur pour le repos du public à tous ses égards. Si vous jugez nécessaire, Mgr, que la présence de votre serviteur soit utile pour faire faire cette composition, je me transporterai sous vos ordres dans toutes les villes et lieux qui me seront indiqués ; suppliant votre Grandeur de ne pas trouver mauvais l'avis de celui qui se dit, Monseigneur, de votre Grandeur, etc. De Joas de Papoux, chez M. de Cubière. »

Seconde lettre du même

« Monseigneur, Votre Grandeur ayant bien voulu honorer votre serviteur d'une réponse très flatteuse sur les moyens que je proposais prendre pour la destruction de cette Bête féroce ; c'est ce qui m'enhardi, Monseigneur, à vous présenter par icelle le second avis, qui pourrait être plus efficace, que le précédent. En conséquence, vu et considéré que jusqu'à ce jour les plus rigoureuses poursuites n'ont rien opéré contre cet insigne monstre et que malgré toutes ses ruses et rapidité, il n'est pas sans avoir quelque intervalle de repos étant même fort long, lorsqu'il n'est pas poursuivi. Je pense qu'il se laissera surprendre, en observant de lui donner la chasse en la forme ci-après. Voici quel serait mon dessein : »

« Premièrement, de se pourvoir environ de 25 hommes seulement des plus intrépides et les faire déguiser de la manière suivante. »

« Secondement, avoir s'il est possible une peau de lion, d'ours, de léopard, de cerf, de biche, d'un veau, d'une chèvre, d'un sanglier, d'un loup male et d'une femelle, avec deux moutons. »

« Troisièmement, en revêtir 12 ou 15 et plus s'il se peut sous les susdites peaux, et les autres avec des petits gilets et de longues culottes bien garnies avec des plumes de différentes couleurs et leur faire faire pour tous des bonnets de cartons en forme de casques garnis aussi avec des plumes et y entremêler de petites lames de couteaux. »

« Quatrièmement, oindre tous ces dits vêtements avec du miel, et odoriférer le tout de Musc. Ensuite avoir environ douze onces de graisse de chrétien ou de chrétienne, s'il est possible avec du sang de vipères, mêler le tout ensemble et le partager pour que lesdits en aient chacun dans une petite boëte. »

« Cinquièmement, enfin, armer lesdits hommes d'un pistolet d'Urson à deux coups, chargé de trois balles carrées, mordues par la dent d'une femme ou d'une fille, y joindre un petit lingot de fer aussi carré ; et oindre les dites balles et lingots de cette graisse ; plus d'un bon couteau de chasse et d'une patte de fer à trois griffes oints de même avec ladite graisse. Moyennant quoi étant lesdits hommes capables de bien jouer leur rôle sous l'attitude de bien se contenir. Un seul pourrait être vainqueur de cette Bête cruelle en parcourant dans les bois ou forêts de trois à trois, se tenant les uns des autres à la distance de trente à quarante pas, formant un triangle, en observant de garder un grand silence, Dieu bénira l'entreprise. »

« A cette cause, je supplie Votre Grandeur, Monseigneur, que si vous me jugez capable de commander cette brigade : je me rendrai sous le bon plaisir du Roi, mon maître, par vos ordres, toutefois que Votre Grandeur jugera à propos de faire mettre à exécution le projet que Dieu m'a inspiré, comme étant fidèle sujet de sa Majesté et de Votre Grandeur avec un profond respect, etc. »

« De Joas de Papoux. »

« A Nimes, le 2 mai 1765, étant dans la maison de M. Troussel, avocat, vis-à-vis la rue des Marchands à Nimes. »

Un sieur Herbert, de Verrières près Sceaux, conseillait à M. de Montluc, une ruse qu'il avait vu réussir contre un fort loup cervier qui désolait les environs de Bonnières : « Je donnai avis aux habitants d'habiller « un mouton en fille, que l'on coiffa avec un bonet de « fille ; l'on le plaça en un endroit commode et plu- « sieurs personnes armées se postèrent. L'animal n'a « pas manqué de venir se jeter sur le mouton qui re- « muant, s'est imaginé estre un enfant, pendant ce « temps là l'animal a été tiré et tué par ceux qui étaient « postés. » (1).

Quelques jours après (14 Mai 1765) il suggérait encore un nouveau procédé :

« Voici un autre que si vous le faites mettre à exé- « cution, il est certain qu'il réussira. »

« C'est de faire un rond qui contienne six ou sept tireurs dans lequel les hommes soient assis, ayant les jambes enfoncées dans le trou du rond. Le tablier cachera leurs habits, et dans le milieu dudit, y mettre quatre ou cinq enfants qui chantent, dansent et jouent à la manière des enfants de la campagne. Par ce moyen il ne pourra arriver aucun danger auxdits enfants étant sous la garde des tireurs qui seront rangés en rond. » (2).

(1) Archiv. du P. d. D. C. 1732. Lettre du 22 Mars, à M. de Montluc, à Saint-Flour.
(2) *Ibid.*

Une cinquième méthode n'était pas moins naïve :
.... « M. de St-Priest a envoyé un projet de détrui-
« re cette beste, il l'a reçu de M. le Controlleur géné-
« ral, c'est un curé du dioçaise de Reims qui lui en a
« fait part. Il prétend d'abord que c'est un chat-tigre
« à qui il fait passer les mers venant du Metzig ; il dit
« qu'il faut exposer des veaux d'un an dans les forêts,
« bois ou pleinnes, tous vivants, leur mettre du poison
« sur le dos.... » M. d'Enneval dans sa lettre promet
de faire l'essai de cette méthode. (1).

Si la communication de ces inventions diverses,
avait pour mobile, en majeure partie, l'espoir du lucre,
quelquefois cependant, elle partait d'un meilleur naturel et d'un sentiment de compassion non déguisée :
« Le curé de Bouconville, J. Bourgeois, qui suggérait
le dernier procédé, s'exprimait ainsi : « Le désir de
voir le Languedoc bientôt délivré de cet animal redoutable, est le seul motif qui m'a porté à prendre la liberté
de vous faire cette lettre, espérant que vous voudrez
bien la recevoir comme le témoignage d'un zèle pa-
triotique. »

Les chasseurs, eux, y mettaient, en général, moins
de réserve et moins de désintéressement. Ils ne pouvaient apercevoir la Bête et lui tirer un coup de fusil,
sans faire une relation grossie de l'affaire et se targuer
de l'avoir atteinte, ou même dangereusement blessée.
Ceci d'ailleurs n'a rien d'étonnant, nos chasseurs

(1) Archiv. du P. d. D. C. 1732. Lettre de M. d'Enneval.

d'aujourd'hui ne feraient peut-être pas autrement.

« Langeac, 4 Mars 1765. »

« Il est vrai que M. du Verny de la Védrines, gentilhomme verrier, rézidant dans la parroisse de Nozerolles est venu le dernier jour du Carnaval me faire son rapport que le mardy précédent qui estoit le 12 du mois de Février, la Bête féroce avoit passé au-devant de sa verrerie, qu'un de ses domestiques qui fendoit du bois l'ayant aperceue venant vers lui, cria hautement au secours ; au bruit de cette voix le sieur de la Védrines sortit de sa verrerie, sans armes, mais ayant veu la Bête qui marchoit à grands pas, il demanda qu'on lui portât un fuzil, ce qu'on fit promptement, il lui tira dessus d'assez loin, et il croyait que de ce coup, il lui avoit cassé la jambe gauche de derrière, et pour me confirmer son rapport il me le fit témoigner par son domestique qui étoit avec lui, c'est environ vers les 3 à 4 heures du soir que cette action arriva, le maitre et le domestique poursuivirent la Bette dans le bois qui est proche de la verrerie, ils trouvèrent du sang répandu sur la nège, et comme la nuit approchoit, qu'il faisoit du brouillard, il ne leur fut pas possible de rencontrer aucun vestige par où cette Bette avoit passé ce qui les obligea de se retirer. Et pour me mieux confirmer sur la vérité de son rapport, le sieur de la Védrines me dit qu'il le prouveroit par le témoignage des sieurs Chastel, chasseurs de profession, qui rézident dans la paroisse de la Besseyre St-Mary en Gévaudan, voisine et limitrophe de celle de Nozerolles en Auvergne.... prétendant que les Chastel estant à la chasse le lendemain, mercredi 13, dud. mois, avoient trouvé la Bette féroce, ils avoient remarqué qu'elle n'avoit que trois jambes. . . . .

. . . . Je fis appeler les Chastel, le jeudi jour de foire, et après les avoir interrogés, ils m'ont dit que le rapport du sieur de la Védrines n'étoit pas fidèle, qu'ils n'avoient pas esté à la chasse le mercredi, qu'il faisoit très-mauvois temps et qu'ils n'avoient pas vu la Bette féroce....... Plusieurs personnes m'ont raporté que M. de la Védrines n'avoit tiré son coup de fuzil que *sur un gros chien qui s'étoit perdu dans les montagnes*.... (1).

L'ordonnance de l'Intendant annonçant la gratification promise, conviait tous les chasseurs à se rendre en Gévaudan et en Auvergne pour la destruction de la Bête, Il en vint, en effet, des provinces voisines, mais leur bonne volonté ne tint pas longtemps contre les difficultés de l'entreprise :

« Ils viennent, disait M. Lafont, avec la meilleure
« volonté, ils chassent quinze jours ou trois semaines,
« et après avoir essuyé bien des fatigues, s'en retour-
« nent chez eux très dégoûtés. »

Il ne restait donc en présence que M. Duhamel et MM. Denneval.

On a vu comment la bonne entente ne régnait point entr'eux et combien leurs rapports étaient tendus.

(1) Lettre de M. Marie, correspondant de la subdélégation à Langeac.
Archiv. du P. d. D. C. 1732.

Le premier continuait avec ses dragons ses battues ordinaires. Les seconds prétendaient toujours que ces courses infructueuses mettaient la Bête en fuite et la rendaient fort difficile à approcher.

M. de Montcan soutenait Duhamel, la Cour, au contraire, avait une plus grande confiance dans l'expérience et l'habileté de Denneval et comptait davantage sur son concours pour le succès.

Celui-ci qui le savait, voulait interdire la chasse à son adversaire, et le faire rappeler dans ses quartiers.

M. Lafont vint exprès sur les lieux pour essayer de concilier leurs opérations, mais son intervention n'eut aucun succès.

Bien plus, MM. Denneval voulaient rendre la chasse exclusive et en garder pour eux seuls le privilège, alléguant que des lettres de la Cour leur donnaient cette faculté. Mais M. Lafont leur fit observer que d'après les placards apposés la chasse était ouverte à tous, et que, chacun, avec un certificat donné par lui, avait le droit de poursuivre la Bête. Cette mesure n'était d'ailleurs pas inutile à cause de la grande étendue de pays que le monstre parcourait en peu de temps.

M. Denneval, qui, au dire du syndic, avait la plume légère, en référa à la Cour. Finalement, M. de l'Averdy, dans une lettre du 20 mars, faisant ressortir le peu de succès des chasses précédentes, l'inconvénient des battues et la perte de temps qui en résultait, proposait de mettre M. Denneval seul à la tête des chasses, avec ordre aux chasseurs de se ranger sous sa direction.

De plus, M. de Choiseul écrivit à M. de Montcan pour le prier d'ordonner à M. Duhamel de ne plus se mêler aux opérations et de se retirer dans ses quartiers.

Enfin, le jour de Pâques, 7 avril 1765, le détachement de dragons, avec son chef, quittait St-Chély pour se rendre à la ville du St-Esprit. (1).

Ainsi finissait cette rivalité. MM. Denneval étaient bien seuls maintenant à la tête du pays, et leur compétiteur disparaissait emportant ce témoignage que rendait de lui M. de Montluc :

« On rendra à M. Duhamel la justice qu'il a mis
« beaucoup d'activité et de bonne volonté pour détrui-
« re ce monstre...... mais malheureusement il a tou-
« jours échappé à sa poursuite. » (2).

(1) Ses états de dépenses, du 4 Nov. 1764, au 7 Avril de l'année suivante étaient de 302 liv. 15 s. pour loyer, casernes, etc..., et 2226 liv. 5 s. pour fournitures diverses à St-Chély et médicaments aux personnes blessées par la Bête. POURCHER, p. 445.

(2) Archiv. du P.-d.-D., C. 1732.

CHAPITRE VII

Chasses de MM. Denneval

Pendant ce temps-là, qu'était devenue la Bête ?

La Bête affirmait plus que jamais sa présence et ses instincts sanguinaires par de nouvelles attaques et de nouvelles victimes dévorées. Son appétit devenait plus violent, sa fureur plus insolente, et jamais jusqu'ici ses méfaits ne s'étaient si fréquemment renouvelés.

Le 9 mars 1765, M. Denneval écrit : « La Beste fait « toujours parler d'elle, et encore hier, ayant coupé la « teste à une fille, mangé le sein, une épaule et un « bras, on fut après elle, mais elle estoit trop près des « grands bois, cela s'est passé auprès d'Albaret. Vous « savez sans doute que depuis le premier jour du mois « elle avoit attaqué plusieurs femmes, filles ou enfants, « une femme à qui elle a enfoncé les griffes à la gorge, « le même jour un petit garçon dévoré du côté d'Ardes « et la Voulte..... M. de Lauriac nous a envoyé trois « gentilshommes bons tireurs, qui se nomment MM. de « la Fayette. » (1).

Le lendemain, 10 mars, l'abbé du Rochain, comte de Brioude, annonce que « la Bête est dans les envi- « rons du Ligonès, elle attaqua hier une fille de 25 ans,

(1) *Ibid.*, C. 1732. Lettre à M. de Ballainvilliers,

« à un demi-quart de lieue du Ligonès qu'elle mit à
« mort. On l'a vue ce matin dans les environs à deux
« lieues de Saint-Flour. Cette fille fut surprise par cet-
« te Bête qui étoit en embuscade, elle lui sépara la tête
« du corps qu'elle a emportée. »

« Nous avons dans ce pays un grand louvetier, ses
« chiens sont partis ce matin pour aller rejoindre le
« maître à St-Chély. M. du Ligonès qui est ici avec sa
« femme partira lundy pour aller chez luy, pour y re-
« cevoir les chasseurs. M. Denneval doit incessamment
« chasser dans ces cantons. » (1).

Il serait trop long de raconter ici les attaques diverses que fit cet animal féroce à Chabriès, près Arzenc, à Malaviallette, et au mas de la Bessière, paroisse
de St-Alban, où la femme Jouve lutta longtemps, se
battit corps à corps contre lui, et réussit enfin à lui arracher un de ses enfants qu'il emportait et dont il
avait déjà mutilé le visage, (13 mars).

Le 20, un enfant périt à Aumont, le 29, un autre à
Javols, le 4 avril, Annez Dauphine à la Roche-Redonde,
paroisse de St-Alban, et enfin le 7 avril, jour de Pâques, une fille est dévorée à la Clause, près Saugues. (2).

(1) Lettre de Brioude. Archiv. du P.-d.-D. C. 1732.
(2) « Le septième avril, même année que dessus, (1765) a
été dévorée par la bette féroce Gabriel Pelicier, de la Clauze,
sur cette parroisse âgée d'environ dix-sept ans, et les débris
ont été enterrez le lendemain au cimetière de cette parroisse
tombeau de ses prédécesseurs, présents Jean Cubizole du susdit village et Benoit Bret, clerc qui ont déclaré ne sçavoir
signer, de ce enquis et requis. De Rochemure curé. »
Regist. de Grèzes. Greffe de Riom. (Cour d'Appel).

Les relations rapportent qu'elle avait fait sa première communion ce jour-là. C'est inexact. On ne faisait pas, à cette époque, sa première communion à 17
ans, et l'eut-elle faite, on ne l'aurait sûrement pas envoyée garder les bestiaux en ce jour. Une complainte
parut sur elle :

> *A l'abri d'une terre close,*
> *Sur le penchant d'un côteau,*
> *Une petite fille de la Clause,*
> *Gardait ses vaches et ses veaux.*

Il y a quatorze couplets de cette valeur.

Quelques gentilshommes étaient de nouveau venus
du Dauphiné, du Vivarais ou d'ailleurs, mais bientôt
mécontents, soit des hauteurs de Denneval qui voyait
en eux des compétiteurs, soit des difficultés insurmontables des lieux, ils étaient repartis.

Denneval comptait bien ne pas procéder comme
son prédécesseur. Il avait avec lui six bons limiers
dressés à courir le loup. Les paroisses avaient reçu
l'ordre, aussitôt que la Bête serait aperçue, de venir
immédiatement lui en donner avis, ou, si une victime
était attaquée et mise à mort, de ne pas toucher au
corps avant son arrivée.

Une fois averti, il venait en hâte faire prendre contact à ses chiens qui devaient mener vigoureusement
le loup et le faire tomber sous les coups des tireurs.
Mais les limiers, soit défaut de dressage ou de flair,
soit que cette Bête leur répugnât eurent de la peine à

reconnaître la piste comme on l'eut désiré, et ne rendirent pas d'abord les services attendus.

Il avait établi son cantonnement du côté de St-Alban, et du Malzieu. Le 21 avril, il voulut essayer d'une battue faite par plusieurs paroisses pour ramener la Bête du côté de Prunières et des bois de M. de Morangiès, où il y avait des gorges qui pouvaient être fructueusement occupées par des tireurs. Mais toutes ces tentatives furent inutiles, il put rapprocher la Bête, la mener jusqu'à la nuit : La Bête lui échappa.

« M. d'Enneval vient de m'instruire des nouveaux ravages qu'a faits la Bête féroce. Au commencement de ce mois elle a dévoré une fille de 13 ans près de St-Alban. M. d'Enneval y alla et un de ses piqueurs la trouva dans le bois de Morangiès, on n'eut pas le temps de l'envelopper, elle quitta le bois et les chiens la suivirent. On trouva en la poursuivant des ossements humains et beaucoup de sang, on ne sait qui elle a dévoré....... Le même jour elle dévora le soir un enfant de dix ans dans la paroisse de St-Denis, et depuis elle a attaqué près de Saint-Chély un homme robuste qui s'est longtemps défendu contre elle, après beaucoup de ruses elle l'a terrassé et dévoré..... » (1).

« Depuis la semaine sainte pendant laquelle la mauditte Beste tua et dévora trois filles et un garçon, et notre dernière chasse, il n'est arrivé aucun accident....... » (2).

(1) Lettre à M. de St-Florentin, du 13 Avril 1765. Arch. du P.-d.-D. C. 1731.

(2) *Ibid*. Lettre du 17 Avril.

« Du Malzieu, 31 Avril. »

« .... Le dix-huit elle tua un garçon à Pauillac à deux ou trois lieues d'icy, elle le saigna comme auroit fait un boucher, lui arracha un œüil, lui mangea les joües, les cuisses et lui disloqua les deux genoux. Le 21, je fis faire une batüe de douze paroisses, où elle fut trouvée sous un rocher, par un jeune homme âgé d'environ 18 ans, de la paroisse d'Osmon (Aumont), il étoit armé d'un vieux sabre, elle ne voulut pas décamper, lui gronda et grinça des dents, étantsaisy de peur, et s'écriant au secours, son curé qui étoit le plus proche armé d'un pistolet, y accourut, mais elle avoit pris la fuite. »

« Elle vient attaquer à Caufour (Couffours) une fille de onze ans et un garçon de seize ils se défendent et sont blessés, mais sont secourus par un de leurs parents armé d'une hache. En les quittant, ce loup vint rejoindre un autre animal plus petit que lui, qui le caressa et lui lécha la gueule. »

« Le 28 une nouvelle batüe fut faite et une louve tuée pesant 40 et quelques livres, elle fut portée à Mende, et le subdélégué la fit ouvrir en public par un chirurgien, on lui trouva dans le corps quelques chifons d'étoffe linge, du poil et des os qu'on jugea être de lièvre...... On soupçonne beaucoup que ces paysans en vue d'une récompense lui avoient enfoncé ces drogues avec une baguette. » (1).

Le paysan n'a de grossier que l'habit, et il était

(1) *Ibid.*

fort capable, pour avoir part à la gratification promise, de glisser dans cet animal les chiffons retrouvés :

...... Quid non mortalia pectora cogis
Auri sacra fames ?......

Toutefois l'opinion des médecins qui firent l'autopsie, ne confirma point l'hypothèse intéressée de Denneval.

« Quoique les loups soient très avides, et qu'on trouve quelquefois dans leurs entrailles bien des choses qui semblent n'avoir aucun rapport avec leurs aliments, on serait bien en peine s'ils n'ont dévoré quelque cadavre humain et partie de ces habits, de pouvoir comprendre où celui qui a fait le sujet de notre vérification pourrait avoir rencontré les matières dont on a trouvé les débris mal digérés dans ses entrailles. »

« Signé : Bonnel DE LA BRAGERESSE, Blanc. » (1).

Cette louve, tuée à la Panouse, dans le mandement de Saugues, le 23 Avril, était encore jeune et n'avait jamais porté, d'après l'examen qui en fut fait. Si donc elle s'attaquait aux humains, nonobstant sa petite taille et son âge, combien d'autres loups plus gros pouvaient avoir la même hardiesse, et par suite, combien il est peu étonnant qu'il y ait eu tant de personnes attaquées en un si court espace de temps et en des lieux si différents !

Aussi devant cette perspective, une lettre circulaire du 25 avril fut adressée aux consuls des communau-

____

(1) POURCHER, p. 532.

tés pour ordonner soigneusement la destruction des loups et louveteaux, et offrir une prime double de celle qui avait été promise les années précédentes.

A la méthode déjà signalée, M. Denneval joignit un nouvel expédient. Il avait ordonné, on l'a déjà vu, de laisser sur place les victimes jugulées. Une fois prévenu, il faisait répandre du poison sur les restes délaissés, espérant que la Bête viendrait se repaître à nouveau et avalerait ainsi son propre trépas. L'expérience en fut faite sur le corps de la fille de Venteuges. Mais, ou la Bête ne revint pas, ou le poison absorbé par elle fut sans effet.

M. Denneval commençait à se laisser gagner par le découragement.

Il ne faisait pas mieux que son prédécesseur. Ses procédés n'avaient pas plus de succès, et d'autre part jamais la Bête n'avait fait tant de victimes.

Des signes de mécontentement se manifestaient parmi la noblesse de ces pays; la France elle-même était étonnée de l'adresse merveilleuse de cette Bête qui en remontrait à un si célèbre louvetier.

Bien plus, les Anglais s'occupaient aussi du Gévaudan et de sa Bête !

On a vu, dans la guerre récente du Transvaal, comment toutes les sympathies françaises allaient à ce vaillant peuple des Boërs qui défendait courageusement son indépendance et son territoire, et comment aussi l'on applaudissait aux défaites et aux déceptions du rapace envahisseur.

Cette antipathie n'est pas née d'hier. Il y aura bientôt un siècle et demi, les Anglais aussi se moquaient de la France, et cela à propos de la Bête.

« On lit dans le *Courrier* du 26 Avril 1765 : »

« Les journalistes Anglais s'égaient à nos dépens, « mais à l'Anglaise, au sujet de la Bête du Gévaudan. « On lit dans une de leurs feuilles du 29 Mars, qu'une « armée française de cent vingt mille hommes a été « défaite par cet animal qui après avoir dévoré vingt- « cinq mille hommes et avalé tout le train de l'artille- « rie, s'est trouvé le lendemain vaincu par une chatte « dont il avait dévoré les chatons. »

« On ne voit point sur quoi peut tomber ce sar- « casme, mais ce qu'on voit bien clairement.... c'est « que l'art de railler avec sel et de badiner avec grâce « n'est pas, du moins communément, l'art des écri- « vains anglais. L'air pesant du climat et l'humeur « sombre de la nation s'y opposent. » (1).

On aurait mauvaise grâce à ne pas en convenir, cette infériorité de l'homme sur la Bête prêtait bien un peu à la raillerie.

Toutefois comment pouvait-il se faire que ce mons- tre pût se dérober à tant de battues, échapper à tant de chasseurs, et faire impunément tant de victimes ?

Et d'abord, les difficultés des lieux faisaient mer- veilleusement le jeu de la Bête.

On ne peut se figurer, sans les avoir vues, ces gor-

(1) Pourcher, p. 511-512.

ges profondes, ces ravines sauvages de Meyronne et la Révolte, de la Desge, au-dessous de la Besseyre, de la Truyère sur l'autre versant des Margerides qui sont elles-mêmes creusées de plis profonds, souvent hérissées d'épais taillis, inaccessibles à l'homme et praticables aux fauves seuls. La Bête avait tôt fait de sauter d'un versant à l'autre, de se couler sans être vue à la faveur des taillis et de mettre en défaut, tout en passant près de lui, la vigilance du tireur au poste. Et là haut sur les arides sommets des monts que ne ponctuent ni arbres ni arbustes, il lui était facile d'apercevoir le chasseur aux aguets, et de se sauver hors de portée.

Si quelquefois, l'éveil donné, elle ne pouvait se sauver à temps sans essuyer quelques coups de fusils, l'imperfection des armes de cette époque, le saisissement et le manque d'assurance, ou la trop grande distance du tireur rendaient la plupart des coups inutiles, quand le feu lui-même ne ratait pas.

Les battues par elles-mêmes n'étaient pas si dangereuses qu'on pourrait le croire. Il y avait une telle cohue, une telle confusion, et entre les tireurs et les rabatteurs de si larges vides amenés forcément par les grands bois, les forêts impénétrables, alors plus nombreux qu'aujourd'hui, qu'il n'est point étonnant que la Bête ait pu aisément se dérober.

D'ailleurs ceux qui jusqu'ici avaient dirigé les chasses tenaient à s'assurer la récompense promise, et à tuer eux-mêmes la Bête, de sorte qu'ils se réservaient les meilleurs postes, et ne laissaient pas facilement aux autres l'occasion de remporter le prix. C'est ainsi que la prime extraordinaire qui devait assurer la mort du monstre, était peut-être pour lui une cause de salut.

Enfin on ne peut être surpris de voir la Bête dévorer impunément tant de victimes, puisque l'on sait qu'elle ne s'attaqua d'abord qu'aux enfants ou aux femmes, rarement aux hommes, et seulement lorsqu'ils n'avaient point en mains d'armes dangereuses. Sans doute l'éveil était bientôt donné, et l'on venait aussitôt au secours des victimes. Mais avant que les fusils aient été décrochés, la Bête avait gagné le large, et l'on ne retrouvait plus que les débris de la personne dévorée.

CHAPITRE VIII

Incursions de la Bête en Auvergne

« A M. Jaout à Clermont, 8 mai. »

« Monsieur, je prand la liberté de vous informer du ravage que cette maudite bette fait dans la paroisse de Nozeirolles et d'Auvers, et aux environs. Le 29 du mois d'Avril elle emporta une de mes nièces âgée environ de 11 à 12 années de devant leur porte entre les deux fraire et un autre petit du village de Lair, subdélégation de Langeac. Deux hommes en menant les bœufs la rencontrairent qu'elle la menoit par le cou, on la lui ota mais à peine elle respiroit, son coup étoit tout percé, dans un cardeure elle mourut, chagrin, Monsieur, bien triste pour une famille. Dans Chanteloube, paroisse de Nozeirolles d'Auvers, emporta aussi une autre fille âgée d'environ 14 ennées, en gardant deux vaches, cela arriva le 4 May que j'ai su aujourd'hui ; à Nozeirolles même paroisse, mangea aussi une autre fille quelque temps avant âgée environ de 17 ennées, en mangea aussi presque tout de suite une autre au Besset, âgée environ de 13 ennées, sans y comprendre autres deux ou trois à des distances de moy environ une lieue, de sorte, M., que nous voilà dans bien des paines, Dieu le veut, nous le méritons, mauvais païs, mauvais jans, et mauvais vivre aussi, avec dargean il faut l'on prie pour avoir quelque peut de blé..... Du Verny de la Védrines. » (1).

La Bête, si terrible pour cette malheureuse paroisse, ne comptait pas s'en tenir là :

« 15 May. — J'ai l'honneur de vous informer, que le samedy onze du présent, entre les deux ou trois heures du soir, quatre petits garçons du village d'Auvers, paroisse de Nozeirolles, gardaient les vaches dans les bois de la Tenezeire, proche de leur village, dont le plus vieux de l'âge de 14 ans, et les autres trois de l'âge de 10 à 12 ans, ont esté attaqués par la bette féroce. Le plus grand garçon qui avoit un bâton assez long au bout duquel estoit une bayonnette fut fort courageux pour se défendre, et ses petits camarades, l'un desquels fut poursuivi par la Bette qui commençoit par le prendre par les habits. Mais le plus grand porta sur la Bette plusieurs coups de bayonnette qui la firent reculer, et un autre des petits encouragé par la hardiesse du plus grand, ayant un batton à la main luy en porta un coup sur le muzeau qui la fit fortement tousser et après la Bette se sauva dans les bois.... »

« Ce rapport m'a été fait ce jourd'huy par le plus grand accompagné de son père. A Langeac, 15 May. » (2).

(2) Archiv. du P. d. D. C. 1733.
(3) *Ibid.* C. 1733. Lettre de M. Marie à Langeac.

Les familles éprouvées étaient, on le conçoit, dans une profonde désolation. Partout, d'ailleurs, la terreur était à son comble.

Cette maudite Bête ne se bornait plus à assaillir dans les pâturages les gardeurs isolés et sans défense. Son appétit et son audace s'étaient singulièrement accrus, et elle venait maintenant jusque sur le seuil des maisons, jusque dans les cours fermées, emporter les jeunes enfants sous l'œil des parents, parfois même au milieu de groupes stupéfaits de cette inso-lence.

Aussi le syndic de Gévaudan recommandait-il dans tous les villages la compascuité, et les gardeurs en nombre ne partaient plus sans s'être prémunis de piques effilées et acérées qu'avait fait distribuer l'Intendant d'Auvergne.

Les hommes eux-mêmes, la nuit venue, n'osaient pas sortir de leurs demeures : cet animal farouche était si redoutable dans l'obscurité ! On ne voulait plus s'aventurer isolément pour se rendre aux foires voisines, et ce n'est que par groupes compacts et armés qu'on allait aux marchés. Le commerce souffrait de ces craintes justifiées qui retenaient chez eux les paysans, et empêchaient l'approvisionnement ordinaire des bourgs.

Enfin, cette Bête, on ne savait pas au juste ce qu'elle était ; il y avait probablement en elle quelque chose de surnaturel : elle s'était montrée sous des formes si diverses ! Ne l'avait-on pas aperçue marchant toute dressée sur ses pieds de derrière ?

Ne l'avait-on pas vue écoutant aux portes des fermes isolées ? Ne se jetait-elle pas à la rivière comme un homme qui veut se baigner ? D'aucuns même l'avaient entendue parler ! !

De sorte qu'à travers tous ces récits divers et ces exagérations superstitieuses, le peuple se formait la conception vague d'un monstre terrible, insaisissable et invulnérable, dont les instincts sanguinaires mettaient en défaut et déjouaient sans cesse les efforts et les ruses de l'homme.

Que faisait donc M. Denneval, ou plutôt qu'avait-il fait depuis plus de deux mois qu'il était arrivé dans ce pays ?

Sa conduite était diversement appréciée. M. de Morangiés, dans une lettre du 3 mai, s'exprime ainsi à son sujet : « Je suis trop voué à l'humanité et au
« patriotisme pour n'être pas sensiblement affecté de
« la durée de ce cruel fléau, et la chose me paroit trop
« intéressante pour que je ne me croie pas obligé de
« dire la vérité sur la conduite de MM. Denneval...
« .... Il me suffira de vous assurer que toutes les
« paroisses du côté de Saugues, ainsi que celles de ce
« canton-ci (Saint-Alban) sont indignées des mauvaises
« manœuvres de ces chasseurs..... Il est rebutant
« pour un peuple qui ne trouve à vivre que dans un
« travail journalier d'être employé des jours entiers à
« des chasses fort éloignées, pénibles et toujours

« infructueuses par l'absurdité des projets et des
« mesures de ces Messieurs, qui ont encore l'indécence
« de ne point payer de leurs personnes, de se refuser
« à l'exemple qu'ils doivent donner, et de penser
« plutôt à un gain sordide que tout condamne, qu'à la
« réussite de leur mission. Le sort de notre malheu-
« reux pays se décide au Malzieu, par ces aventuriers
« au milieu des pots et des verres, et de concert avec
« tous les crapuleux de cette folle cité. » (1)

Ces récriminations, quoique inséparables d'une
certaine exagération, avaient un fonds de vérité.

Aussi Denneval sentant que la sympathie des
populations commençait à lui échapper, pour la rega-
gner, allait donner au monstre une chasse active et
sans intermittence.

Le 1er mai, du côté de Saint-Alban, MM. Marlet de
la Chaumette virent la Bête dans un pâturage, la
poursuivirent, la tirèrent et la blessèrent, de telle sorte
que dans sa fuite elle perdait beaucoup de sang.
Denneval vint avec ses chiens continuer les poursuites,
mais sans aucun résultat.

Le 6 mai, chasse générale. La Bête est levée près
du Villaret, paroisse de Chanaleilles, elle est tirée,
mais elle s'échappe encore.

Le 12, nouvelle chasse. Deux loups furent tirés à
soixante pas. « Dans la battue qui s'est faite aujour-
« d'hui, M. de Rochemure avec deux autres particu-

(1) POURCHER, p. 562-563.

« liers de la paroisse de Grèzes ont tiré trois coups
« sur un animal qu'il ont assuré être la Bête du
« Gévaudan, sans le blesser, et un jeune homme qui
« en fut blessé il y a quelque temps nous a dit que
« c'étoit la même qui l'avoit dévoré. » (1)

On fait encore une battue le 16, mais sans succès.
Comme aucune victime n'était signalée depuis le
2 mai, ce qui semblait extraordinaire, étant donnée la
multiplicité de ses attaques, on crut que l'animal avait
succombé aux blessures reçues au premier mai.

« Malzieu, 18 may.

« Je crois qu'il est arrivé quelque sinistre événement à la Beste en question, depuis le 2 de ce mois
« nous n'avons appris aucune nouvelle qu'elle ait fait
« meurtre, ni mesme qu'elle ait attaqué personne, ce
« qui pourroit nous faire conjecturer que les blessures
« qu'elles a reçues la veille par MM. de la Chaumette,
« et le même jour l'une de nos battues à Saint-Alban,
« où je suis sûr d'avoir vu beaucoup de sang dans la
« poursuite que j'en fis, pourroient lui avoir occa-
« sionné quelque avanture. Ceci joint aux deux coups
« de fusil qu'on luy tira dans la chasse que nous luy
« donnâmes le six, bien tiré par un paysan à vingt pas,
« et l'autre à quinze pas par M. de la Fagette (sic) un
« de nos meilleurs tireurs, après que les chiens l'attei-
« gnirent, et la mordirent plusieurs fois, au vu de
« plusieurs chasseurs. » (2)

(1) Archiv. du P. de D. C. 1733. Lettre de M. de Montluc,
du 12 mai.
(2) Archiv. du P. de D. C. 1733. Lettre de M. Denneval.

Oh ! si vraiment la bête était morte ! Et comme le silence se continuait à son sujet, chacun se laissa bercer de cette douce espérance qui fit son chemin et gagna au large et au loin.

« J'ai l'honneur de vous mander, écrivait le délé-« gué à M. de Saint-Florentin, que j'ai cru nécessaire « de prier MM. d'Enneval de faire battre les bois, « ravins et rochers les plus proches de l'endroit où la « Bête fut tirée le 6. Il serait bien à désirer d'y trouver « la preuve que les habitants du pays sont délivrés « d'un monstre qui fait tant de ravages. » (1)

Hélas ! cette illusion ne devait pas être de longue durée !

« L'espérance que M. Denneval avoit donnée de la mort de la Bête féroce vient de s'évanouir, et la lettre que je reçois de lui en datte du 23 de ce mois m'apprend qu'elle continue ses ravages avec plus de fureur que jamais. » (2)

Le 19 mai, en effet, pendant une battue que l'on faisait, une fille d'environ 50 ans fut dévorée au bois de Servilanges, paroisse de Venteuges. Le monstre lui avait coupé la tête qu'on ne put retrouver, et après avoir traîné environ cent cinquante pas le reste du corps, avait sucé tout le sang et arraché le cœur. Puis, quelques heures après, il était revenu ronger le haut de la poitrine.

... « Le 24, il dévore une fille à Mazel, paroisse

(1) *Ibid.* C. 1733.
(2) *Ibid.*

« de Jullianges, le même jour il attaque une fille à
« Marsillat, paroisse de Clavières, en Auvergne ; un
« enfant de 14 ans lui enfonça dans le flanc une
« baïonnette dont il était armé, et qu'il retira toute
« ensanglantée.. . . » (1)

Avait-elle été dérangée et chassée par les battues,
ou bien était-ce simple fantaisie de sa part, c'est
l'Auvergne que la Bête semblait choisir alors pour
théâtre de ses terribles déprédations.

« Je viens avoir l'honneur de vous donner avis que
l'une des bettes qui dévore le monde a passé à Lair,
paroisse de Nozeirolles, le 1er juin, et a mangé une
petite fille d'Etienne Hugon en gardant les bestiaux. (2)

« Cet animal a paru plusieurs fois aux environs du
village de Lair, en Auvergne, elle y attaqua un enfant
le 27, qui se trouvant à portée de sa maison, eut le
temps de s'y réfugier ».

« Le 30, elle tenta à diverses reprises de surprendre le nommé P. Olier, journalier de Chanteloube,
même paroisse de Nozeirolles. Cet homme labouroit
près d'un petit bois. Il fit d'abord bonne contenance,
et voulut aller à la Bête féroce avec une hache dont il
étoit armé, elle attendit et lui inspira tant de frayeur,
qu'il n'osa s'approcher. Il alla chercher du secours à

(1) *Ibid*. C. 1733.

(2) *Ibid.* C. 1733. « Jeanne Hugon, âgée d'environ 11 ans,
fille légitime d'Etienne Hugon, du village de Lair, cette
pauvre enfant fut ensevelie au cimetière de la paroisse, le
2 juin (1765), ayant été dévorée par la Bête féroce, le jour précédent, à demie mangée, dans le bois du village... Daud, prieur. »
(POURCHER, p. 641.)

son village, les paysans vinrent en foule, l'un d'eux la découvrit de fort près dans un bled, et luy tîra un coup de fusil sans la blesser, un autre paysan fut à portée de luy donner un coup de hache, mais la crainte de la manquer, et de se voir ensuite attaqué le retint et la Bête se retira ensuite à petits pas dans les bois de Roussillon, paroisse de Pinols, en Auvergne.»(1)

D'autre part, M. Denneval apprenait que la Bête s'était jetée sur une petite fille qui gardait deux bœufs au village de Jullianges « mais heureusement ces deux bœufs vinrent la dégager, et elle en fut quitte pour un coup d'ongle à l'épolle gauche. Elle voulut plus loin se jeter sur une jeune fille qui gardoit les cochons, mais ces animaux la secoururent (?) de même que sa mère qui étoit heureusement à sa portée. La Bête s'est ensuite réfugiée dans les bois de Lorcières. » (2)

Nos lecteurs nous pardonneront ces longueurs monotones et ce récit fastidieux des attaques et des carnages de la Bête. Celle-ci ne variait pas ses exploits dont l'histoire, par suite, ne peut être qu'uniforme et tristement monotone.

Enfin comme de nouvelles victimes étaient signalées au Mazet et à Saint-Privat du Fau, une chasse énergique avait, en conséquence, été donnée au monstre, pendant les journées du 8, 10, 12 et 13 juin.

(1) Archiv. du P. de D. C. 1733. Lettre de Saint-Florentin.

(2) *Ibid.* C. 1733.

La chasse du 12, faite en partie en Auvergne, est ainsi racontée par M. d'Enneval, dans une lettre à M. Lafont :

« Monsieur, nous fîmes partir, le 11 du soir, nos gens et nos chiens pour aller coucher à Paulhac, afin de faire le lendemain matin une quête plus ample. Et nous nous rendîmes à six heures, à la chapelle de Beaulieu, dans la Margeride, rendez-vous indiqué, où nos gens nous firent rapporter qu'ils avoient connaissance d'un animal qu'ils soupçonnoient être la Bête et qu'ils l'avoient suivie à traces de limiers par les bois du Besset, en Auvergne, jusqu'à la rivière qu'il ne purent passer ; et l'heure avançant ils tinrent conseil pour s'en revenir au rendez-vous. Sur le champ nous renvoyons les gens à pied de la communauté de Saint-Pierre-le-Vieux et de Prunières et nous gardâmes environ trente tireurs à cheval, avec lequels nous nous mîmes à la poursuite. Passant par la Vachelerie, on nous rapporta qu'un paysan l'a vue à la pointe du jour derrière une petite muraille. Nous l'envoyâmes chercher, il nous confirma le fait et me mena à l'endroit et il me dit que la Bête avoit prit la fuite à son approche, la tête tournée du côté du bois de la Molle. Nous continuâmes à y marcher, de là, à Diége. Nous traversâmes les bois du Favard, ceux du Besset et nous passâmes la rivière près du château de Sarlonges (sic) Là, on nous rapporte que sur les neuf heures, la Bête avoit voulu attaquer une femme et une fille, mais que s'étant bien défendues avec la baïonnette, elle les avoit quittées faisant route vers Nozeyrolles, en Auvergne.

« Nous y fûmes et nous nous informâmes si on l'y avoit vue. On nous dit que non. Je demandois au Prieur quels étaient les bois les plus fourrés dans ce canton. Il me répondit qu'il y en avait de très forts de l'autre côté appartenant à M. Dupont de la Grange et qu'en tirant encore plus loin dans l'Auvergne, on trouvait ceux de M. d'Apcher qui y joignoient. »

« Nous y fûmes et ayant grimpé la montagne, je postois les tireurs sur la crête et envoyois les chiens par dessous le bois en cas de besoin excepté un limier que je lâchois dans ces bois vers le milieu. Il en eut connaissance, la rapprocha très bien et lui fit passer ces bois jusqu'à la verrerie de M. de la Vedrine, gagnant vers ceux d'Apcher, où un orage nous prit et la nuit approchant nous l'arrêtâmes et fûmes coucher au village d'Auvert, où nous couchâmes tous dans la bergerie, et ne trouvâmes ni pain, ni paille. Dès la pointe du jour, je renvoyois en quête dans les bois de M. d'Apcher jusqu'à la Pause et dans ceux de Colanic proche l'abbaye de Pébrac et le Bois Noir, où on n'eut aucune connaissance. »

« Nous rabattîmes sur les bois de Julianges, de Paulhac et de Saint-Privat-du-Fau, sans autre succès. Pendant ce temps, on vient avertir au Malzieu, sur les neuf heures du matin, que la Bête avoit paru dans les bois de Serverette et aux gorges de Prunières. Une personne, que j'y avais laissée pour avoir soin d'un chien malade, y fut avec. Il trouva le Vicaire qui avoit fait entourer ces bois, mais dans la battue il ne sortit rien. Et il n'a pas même été vérifié que ce fût la Bête. »

Cependant un mouvement se faisait dans l'opinion, et l'on commençait à croire à l'existence de plusieurs animaux malfaisants que l'on pensait être des loups (1).

M. l'abbé Peytavin, curé de Saint-Julien-du-Tournel prétendait prouver péremptoirement que cette Bête n'était qu'un ou plusieurs loups carnassiers, et comme preuve il apportait la liste des personnes dévorées par les loups dans sa paroisse, surtout au village de Serviès.

(1) Un sieur Polluche-Lumina, d'Orléans, écrit que les détails qu'il lit dans les gazettes, sur la Bête féroce du Gévaudan, lui rappellent ce qui s'est passé à Orléans à la suite du grand hiver de 1709. « Il parut un animal qu'on appelait la Bête qui n'attaquait que les femmes et les enfants, mêmes manœuvres, même finesse et même timidité que celui du Gévaudan. La désolation fut si grande qu'en six mois il y eut plus de cent personnes, tant tuées que blessées..... Il est probable que c'est aussi à des loups qu'on a affaire en Gévaudan. »
(Archives du P.-de-D. Inventaire, p. 82.)

CHAPITRE IX

Nomination de M. Antoine
pour diriger les chasses

Dans les battues diverses et les chasses récentes, on n'avait levé et poursuivi que des loups. Denneval fils, dans une lettre à Mgr l'Evêque de Mende, assurait bien que dans les courses faites avec son père, ils avaient détruit dix-neuf loups ou louveteaux ; mais les gros loups avaient échappé à leurs coups et le public attendait davantage de leur expérience et de leur réputation.

Aussi les récriminations et les plaintes contre eux reprirent de plus belle et arrivèrent jusqu'à Versailles.

On sut bientôt que le Roi, en apprenant de nouveaux carnages, n'avait pu résister au désir d'envoyer de plus habiles chasseurs pour renforcer les premiers dont l'insuccès attristait toute la Cour.

« Sur le compte que j'ay rendu au Roy des nouveaux dégâts causés par la Bête qui infeste votre département et le Gévaudan, Sa Majesté a pris le parti d'envoyer le sieur Antoine, son porte-arquebuse, avec six autres bons tireurs et de bons chiens. J'espère que vous ne tarderez pas à les voir arriver. Je vous prie donc de leur accorder tous les secours et toutes les facilités qui dépendront de vous, pour les mettre en état de venir à bout d'une entreprise importante pour les peuples de ces deux provinces. » (1)

« Après avoir reçu les ordres du Roi, M. Antoine choisit parmi les gardes des capitaineries de Sa Majesté de Versailles et de Saint-Germain-en-Laye, et les plus habiles chasseurs, des ducs d'Orléans, de Penthièvre et du prince de Condé, quatorze des meilleurs chasseurs, et deux valets des limiers, avec quatre des chiens les plus distingués de l'équipage de la louveterie du Roi..... accompagné de son fils et d'un valet, il prit la route de l'Auvergne. »

Les quatorze gardes-chasses étaient : Rinchard, son neveu, Lacour, Pélissier, Frigaud, Délion, Lachenay, Lecteur, Bonnet, Mareschaux, Lecomte, Lacoste, Dumoulin, Regnault et Lestang.

Les deux valets étaient Lafeuille et Berry.

M. Antoine de Beauterne, avec son fils, gendarme de la garde, avait quitté Paris, le 8 juin, et arrivait peu de jours après à Clermont, où il obtenait de l'Intendant d'Auvergne une ordonnance et une lettre de recommandation qui devaient lui faciliter l'accomplissement de sa mission :

« Ordonnance.... De par le Roy, Simon Charles-Sébastien-Bernard de Ballainvillers, etc. . . . .

. . . . . . Il est ordonné aux officiers municipaux et consuls des bourgs et paroisses des élections de Brioude et de Saint-Flour, de faire fournir à M. An-

(1) Lettre de M. de Saint-Florentin à M. de Ballainvillers, 8 juin 1765. Archiv. du P. de D., C. 1734.

toine, lieutenant des chasses de Sa Majesté, envoyé par ses ordres pour travailler à la destruction de la Bête féroce, un cheval ou un mulet avec son bât, pour porter les paniers et les quatre limiers, lorsque ledit sieur Antoine le demandera. »

« Il sera fourni pareillement le nombre de chevaux de selle que ledit sieur Antoine demandera pour les jours des chasses, le tout à peine d'amende, même de prison contre les refusants.

« Il sera par nous pourvu au payement des journées desdits mulets ou chevaux sur les états qui nous en seront remis par les consuls, avec le certificat au bas dudit Antoine.... »

« Fait à Clermont le 16 juin 1765 » (1).

En outre des chevaux et autres moyens de transport, M. Antoine réclamait « douze douzaines de pé-
« tards pour être distribués aux gardes et tirés dans
« les bois, afin d'épouvanter la Bête et l'en faire sortir,
« et vingt lances emmanchées, suivant le modèle qu'il
« avait porté, pour être mises entre les mains des
« païsans les plus vigoureux et les plus sages des pa-
« roisses commandées pour les chasses » (2).

M. Antoine vint mettre pied à terre au Malzieu, le samedi 22 juin. Le lendemain, il assistait à la chasse faite dans les bois de Venteuges où on lui montrait les restes d'une victime dévorée, puis de là venait s'instal-

(1) *Ibid.* C. 1734.
(2) *Ibid.* C. 1734.

ler à Saugues où M. Lafont allait le rejoindre pour passer sept jours avec lui.

Un homme bien dévoué à son pays que ce M. Lafont, le syndic du diocèse de Mende ! Il était l'âme de cette longue campagne menée contre la Bête. On le trouve partout, il prévoit tout et dispose toutes choses pour assurer le succès. C'est lui qui est chargé de toutes les enquêtes, et c'est à lui que s'adressent les récriminations et les plaintes. C'est lui le pacificateur complaisant des querelles et des brouilles que suscite la jalousie, le conciliateur patient des adversaires irréductibles. Il est infatigable : il assiste aux chasses, vient vérifier les méfaits annoncés, écrit des relations très détaillées et entretient avec les Intendants une correspondance incessante qui jette aujourd'hui la plus vive lumière sur les faits accomplis. On ne comprend pas comment il pouvait suffire à tout. En un mot, c'est lui qui fit le plus, et c'est lui qui retira le moins de gloire.

Le 2 juillet il rend compte ainsi qu'il suit de l'arrivée et des dispositions prises par M. Antoine :

« Je me suis rendu auprès de M. Antoine ainsi que j'ai eu l'honneur de vous en informer, et je viens de passer 7 jours avec lui à l'extrémité du Gévaudan, sur la frontière d'Auvergne. Mes premières dispositions ont été de loger M. Antoine et M. son fils, leur domestique et les 14 gardes chasses ou valets de limiers qu'il a avec lui, dont huit ont été pris dans les capitaineries du Roi et les six autres appartenant à leurs

Altesses sérénissimes Mgr le duc d'Orléans, Mgr le prince de Condé, Mgr le duc de Penthièvre. »

« Comme les paroisses que la Bête féroce paraît fréquenter aujourd'hui le plus sont celles de Ventuejols, où elle a fait les derniers malheurs et de la Bessière de St-Mary, en Gévaudan, et celles de l'Auvergne qui les avoisinent, Antoine a cru devoir commencer par s'établir avec ses gardes sur ses deux premières paroisses. En conséquence, il s'est placé au lieu de Sauzet, paroisse de Ventuejols, et il a distribué ses gardes deux à deux dans les villages des deux paroisses, où la Bête se fait voir le plus fréquemment. Je leur ai procuré le logement chez les habitants, qui les ont reçus d'autant plus volontiers que ces gardes paraissent de fort honnêtes gens et qu'ils payent bien tout ce qui leur est fourni. Ils sont eux-mêmes bien payés aux frais du Roi, ayant chacun cent sols par jour. »

« M. Antoine vit à son passage au Malzieu MM. Denneval. Il chassa avec eux, le dimanche 23 juin, dans la battue qu'ils firent faire ce jour là, et se rendit à Saugues, où MM. d'Enneval vinrent le rejoindre le lendemain de son arrivée, ils furent s'établir avec lui à Sauzet. M. Antoine n'approuve pas les battues. Il croit plus à propos de faire poster les gardes et les bons tireurs des paroisses dans des affûts de deux à deux au soleil couché et pendant toute la nuit, de s'y poster lui-même et d'y passer pareillement la nuit. Durant le jour, il veut placer ses gardes et des bons tireurs aux passages principaux de la Bête. M. Denneval, qui du temps de M. Duhamel n'était point d'avis des battues et qui ensuite en a ordonné et fait exécuter un grand nombre, veut les continuer. Il est cependant convenu avec M. Antoine de ne point en faire à deux lieues des endroits que M. Antoine occupe avec ses gardes ou qu'il occupera dans la suite. Celui-ci lui ayant représenté qu'elles dérangeraient toutes ses mesures. M. Antoine cherche beaucoup à se concerter avec MM. Denneval, qui lui ont promis de le faire aussi avec lui. Ils ont resté ensemble deux jours à Sauzet. MM. Denneval en sont partis, le vendredi, pour retourner au Malzieu et se disposer à la battue, qu'ils avaient ordonné pour avant hier dimanche. »

« M. Antoine paraît un très galant homme, plein de zèle et d'intelligence et disposé à mettre toute l'activité possible dans l'exécution de la commission dont il est chargé. Il la trouve difficile à remplir, soit par la nature du pays, soit par tout ce qu'on lui apprend de l'agilité de la Bête et de ses ruses ; il espère cependant que si lui ou ses gens parviennent à la détourner, ils réussiront à la détruire. »

« Depuis le 21 juin, elle n'a fait aucun ravage quoiqu'elle se soit montrée en plusieurs endroits. »

MM. Denneval et Antoine paraissaient donc être dans les meilleures dispositions l'un pour l'autre, et devaient chasser de commun accord. C'est bien cette fois qu'allait sonner la dernière heure de la Bête !

« Nous nous sommes rejoint avec bien du plaisir

avec M. Antoine pour concerter ensemble les moyens les plus sûrs et les plus prompts pour tâcher enfin de venir à bout de la malheureuse bette qui fait icy notre objet.....»

« .....On nous a apris que hier 2me de juillet, sur le chemin de Mande icy, entre Serverette et St-Amand (corr. : St-Alban), sur les midy à une heure, la bette avoit paru tout à coup dans le grand chemin, où le courrier qui sen revenoit de Mande icy, avec un autre homme d'environ 60 et plus, le courrier peut en avoir de 45 à 50, ils suivoient le cheval, le courier râpoit du tabac ayant sa baïonnette sous le bras, la bette tomba sur le cheval devant eux deux, luy fit deux blessures distantes de quatre pouces de l'une à l'autre, celle de dessus a six dois et demie viron dessendant de la croupe à la fesse et l'autre un pouce et demie de large, et autant de profondeur, dans ce moment le courier laissa tomber sa tabatière et s'étant saisy de sa baïonnette il en porta un coup dans la quisse de la bette dont il luy a tiré du sang, le fait est vray, j'ay vu aujourd'hui les blessures du cheval et questionné cet homme. Il dépeint la Bette comme à l'ordinaire.... (1) »

Mais le monstre, avec ce flair particulier qui le caractérisait, semblait avoir l'intuition de ce qui se tramait contre lui. Il quittait les parages où s'étaient cantonnés les chasseurs, et se jetait de nouveau en Auvergne.

(1) Lettre de M. Denneval, du 3 juillet. Arch. du P.-d.-D. C. 1734.

Le 4 juillet, à Broussolles, paroisse de Lorcières, entre onze heures et midi, ainsi qu'on le verra dans une relation postérieure, il jugulait une vieille femme de 68 ans, Marguerite Oustallier, lui suçait le sang et la laissait morte, après l'avoir trainée pendant vingt pas.

Le goût de cet animal était assez singulier ! Il n'avait pas voulu dévorer la chair de cette pauvre femme et s'était contenté de lui sucer le sang !

De là, il passait sur la paroisse de Jullianges, où il attaquait, sur les deux heures de l'après-midi, la fille du maréchal à qui heureusement il ne put faire aucun mal.

Etait-ce vraiment le même animal qui à deux heures d'intervalle venait de tenter ces deux méfaits en des paroisses différentes ? Qui donc pouvait en donner la certitude absolue ? On avait si facilement et si généralement pris l'habitude, aussitôt qu'une victime était signalée, de crier à la Bête, et de reporter sur une même tête, la culpabilité de ces carnages multipliés !

On vint avertir M. Antoine qui se transporta sur les lieux pour étudier les traces de la bête.

Dans une lettre à M. de Ballainvilliers, (11 juillet) il rend compte des remarques qu'il a faites :

« Le six, au point du jour, nous nous sommes transportés avec nos limiers sur la place où cette femme avoit été égorgée, où nous avons vu beaucoup de sang, son chapeau et ses habits déchirés, et avons reconnu qu'elle avoit été trainée quatre toises et qu'à

ces endroits ou le terrein étoit dur nous n'avons
aperçu que les ongles d'un gros loup. Comme nous
étions à nous retirer le Consul dud. Lorcière est arrivé
tout essouflé pour nous dire que tout ce village étoit
en alarme par les hurlements d'une Bête, et qu'il nous
feroit voir l'endroit par où elle avoit passé, nous nous
y sommes tous transportés sur le champ avec nos
limiers, et nous avons revu par le pied en plusieurs
endroits d'un grand loup d'une louve qui l'avoit joint,
et que sans doute les hurlements du grand loup
avoient été faits pour la rappeler. Nous jugeons tous
par un procès-verbal que nous avons fait que les deux
derniers délits n'ont été faits que par des loups, ce que
nous reconnaîtrons à la première occasion que nous
puissions être avertis à temps. J'aurai l'honneur de
vous observer qu'il y a une chose qui est la plus contraire à une connaissance si nécessaire à sçavoir s'il
y a une Bête dévorante qui existe ou si c'est des loups
qui causent tant de ravages. Il est nécessaire qu'il y
aye, une défense particulière dans toutes les paroisses
où pareils malheurs arrivent de poursuivre lad. bête
féroce avec des hommes et des chiens très loin, comme
ils font, cela fait que cette bête refuit par là à plus de
deux lieues et plus de l'endroit où elle a dévoré et qu'il
nous sera impossible de la détruire sur le lieu même
et de la faire tuer, car il est certain qu'un animal qui
est saoul, ne se retire pas loin, et au premier endroit
où il trouve une bonne demeure. »

« Si le temps ne devient plus favorable, nous allons

fouiller les forêts de Méronne (Meyronne, près Venteuges), de Monpeiroux et de Marsalette et autres buissons des environs qui servent de retraite à la prétendue Bête ou aux loups et à leurs louveteaux, car ce païs-cy est le lieu ou nous avons le plus à travailler. L'on commence à faucher les foins; et les seigles seront coupés ensuite et il serait bien malheureux pour les habitans que nous les privassions de vaquer à faire leur récolte en les employant sans une extrême nécessité à tirer et à faire des battues avec nous, il n'y a que les dimanches et les fêtes que nous pourrons les employer à cet usage...: »

« A Sauzet, en Gévaudan, 11 juillet 1765.

« ANTOINE (1). »

Au lendemain, « 7 juin, on fit une chasse générale « où M. Denneval fut trouvé pieds nus, s'étant em- « bourbé, ne laissant pas, malgré cet accident, d'agir « avec son zèle ordinaire. »

« Le 11, l'Intendant d'Auvergne envoie à M. An- « toine 17 harpons, armes très propres à retenir la « Bête, si on pouvait l'approcher d'assez près pour lui « en faire sentir la pointe : puisque c'est un fer très- « large en langue de serpent avec deux crochets qui « retiendraient la Bête, si elle voulait échapper après « le coup porté. Cette arme est ajustée au bout d'un « gros bâton de la longueur de cinq pieds, où on a « ménagé à un pied et demi de l'harpon une espèce

(1) Archives du P.-d.-D., C. 1734.

« de boule, faisant un même corps avec le bâton, afin
« que celui qui s'en servira puisse s'en servir plus
« aisément pour tirer la Bête à lui, et une autre boule
« plus haut pour avoir un point d'appui ferme pour
« l'enfoncer avec plus de force. »

Ce sont ces harpons ou piques spécialement
agencées et dont M. Antoine avait donné le modèle,
que l'on ne confiait point à tout venant, mais à une
seule ou tout au plus à deux personnes choisies dans
chaque paroisse infestée (1). A cause du danger que
pouvait faire courir leur forme particulière, il n'était
point permis de les mettre entre les mains des enfants.

Il fallait bien une certaine naïveté pour croire que
ce monstre, dont les instincts de conservation étaient
depuis longtemps connus, viendrait se mettre à portée
de ces harpons, alors qu'on avait eu jusqu'ici tant de
mal à l'approcher d'assez près pour lui tirer fructueusement un coup de fusil.

Sans doute, à diverses reprises, des enfants attei-
gnirent et blessèrent avec leurs bayonnettes la bête
dévorante ; c'est que celle-ci ne redoutait point les

(1) Les paroisses qui les recevaient en donnaient un reçu
et nommaient ceux à qui on devait les confier :
    « Comme consul de la paroisse de Pébrac, reconois avoir
« reçut deux lances de Mgr l'Intendant de Clermont et par la
« main de M. Antoine, feaite ce 14 juillet 1765. Couret. »
    « Je soubigné (soussigné) comme consul de Pébrac que
« toute la paroisse conseant que Vidal Vallet de Pébrac qu'ils
« ont la nomet pour obeyr les ordres du Roy pour aporter la
« lance tout le quant que M. Antoine le commandant pour
« feaire la chasse, feaite le 14 juillet 1765. Couret. » (Arch. du
P.-d.-D., C. 1737.

coups que pouvaient lui porter de si faibles bras, tandis qu'elle se gardait soigneusement des hommes armés. Aussi les événements montrèrent bien le peu de succès qu'obtinrent ces piques, puisqu'il n'est fait mention d'aucun loup frappé par elles.

Les autres engins n'étaient pas plus heureux, et toutes les méthodes expérimentées semblaient frappées d'une inconcevable stérilité.

C'est alors que la Cour se décida à rappeler MM. Denneval.

« Nous venons de recevoir des ordres pour retourner dans nostre patrie, nous partons les larmes aux yeux de n'avoir pu parvenir à réussir dans les mouvements que nous sommes donnés pour vous délivrer du cruel fléau qui désole votre province, j'ay vous puis assurer que nous avons fait à cet égard tout ce qui est possible à l'homme. » « DENNEVAL (1). »

M. Antoine, dans une lettre du 28 juillet, annonçait leur départ :

« MM. Denneval, suivant les ordres de la Cour, sont partis ce matin ; en vérité, je vous jure, M., que je n'y ai eu aucune part.

« Le père est venu m'embrasser en fondant en larmes. Ce vieillard m'a extrêmement touché. Je luy ai demander de m'avouer la cause de sa disgrâce, il est convenu qu'il avoit manqué à plusieurs personnes de ce païs-cy. Je luy ai dit que j'étois venu dans l'in-

(1) *Ibid*. C. 1734.

tention de les réconcilier, mais que n'en ayant pas eu
le tems, la bombe avoit crevé trop tôt .. »

..... « Donc, Monsieur, que je vous fasse part en
secret de ce qui concerne M. Denneval que je regrette
plaindre de tout mon cœur, de fuir à son âge, expatrié
volontairement de son païs, aux yeux de toute la
France, pour faire et entreprendre une action où personne n'avoit songé, je puis vous assurer que s'il n'a
pu réussir avant mon arrivée, ce n'est pas sa faute.....
quoiqu'il aye eu des façons déplacées où il n'a pas
connu mon amitié pour luy, ni les avances que je luy
ai faittes, ny même son propre avantage. Soyez persuadé, Monsieur, que tout cela ne s'est fait que pour avoir
suivi de mauvais conseils dont le malheureux vieillard
est la dupe. Je n'aurai jamais de grâce à vous prier,
Monsieur, de m'accorder, plus chère que celle de
vouloir bien lui estre favorable dans son malheur.... »

« A Sauzet, le 18 juillet 1764.   Antoine » (1).

Quel contraste entre les façons de MM. Denneval
qui, aussitôt arrivés en Gévaudan, avaient mis tout en
œuvre pour faire rappeler M. Duhamel, et la courtoise
bonhomie de M. Antoine qni s'attriste du départ de
celui qu'il va remplacer, excuse ses insuccès et cherche enfin à lui concilier, malgré sa disgrâce, les faveurs
de la Cour !

Quelle amère déception pour M. Denneval, et quel
départ humiliant !

(1) *Ibid.*, C. 1734.

Il était venu, la tête haute, tout fier de sa renommée, montrer à ces manants, à ces rustauds de gentilshommes d'Auvergne et de Gévaudan, comment on menait un loup, comment on forçait une bête, quelque féroce qu'elle pût être.

Il avait escompté la récompense promise, la gloire d'un si bel exploit, les regards et les applaudissements de toute la France, sans compter la reconnaissance de deux provinces.

Et il n'avait pas fait mieux que les autres ! Et il se retirait l'oreille basse, humilié, battu par cet animal maudit ! (1).

Il était donc toujours bien difficile de venir à bout de cette méchante Bête !

M. Antoine, à son tour, restait seul en face du monstre. Serait-il plus heureux et plus habile que ses devanciers ? Les événements n'allaient pas tarder à le décider.

(1) Avant de sortir du Malzieu, M. Denneval donne quittance des sommes qu'il a touchées pour subvenir à ses dépenses personnelles :

« J'ay reconnay avoir reçu de M. le Receveur des tailles de St-Flour, en Auvergne, la somme de 1200 livres pour dépenses faites en la province du Gévaudan, à la poursuite de la Bête féroce... DENNEVAL. » (Arch. du P.-d.-D., C. 1737.)

A raison des fatigues qu'il avait supportées, et de la peine qu'il s'était donnée, il se vit allouer par la Cour une gratification de 350 livres.

CHAPITRE X

Chasses de M. Antoine en Auvergne et en Gévaudan

La Bête, on l'a vu, s'était jetée en Auvergne, où elle continuait de faire sentir sa dent meurtrière :

« Avant-hier au soir, 23 du présent mois (Juillet), tout à la brune, un enfant de neuf ans a été dévoré ou emporté par la Bête, ou par un loup, dans le bois à Auvert, parr. de Nozérolles, lorsqu'il alloit chercher des bœufs, l'on a cherché toute la nuit sans le trouver n'ayant été vu à différentes places que partie de ses habits, et partie de sa chemise toute ensanglantée l'on n'est venu pour nous avertir ici quà une heure de l'après-midi, mais nous étions à chasser des loups par-delà Pébrac dont nous ne sommes revenus qu'entre neuf ou dix heures du soir ce qui fait que n'ayant pas de clair de lune nous n'avons pu nous y rendre sur le champ et y mener nos limiers pour aller au bois ce matin reconnaître les pieds de cet animal. » (1).

« Comme nous n'avons aucun doute que les der-

(1) Lettre de M. ANTOINE, datée de Sauzet. *Ibid.* C. 1734.

niers habitants qui ont été dévorés ne l'ont été que par des loups, cette fâcheuse connaissance pour les provinces nous oblige à demander des augmentations plus étendues à la Cour que celles avec lesquelles nous sommes arrivés icy. » (1).

Le lendemain M. Antoine se transporta sur les lieux et après avoir reconnu que le pied de l'animal qui avait dévoré l'enfant était celui d'un *gros loup*, il ordonna une chasse de six paroisses qui fut exécutée le Jeudi, six Juillet.

Dans cette chasse, le bois d'Auvert fut investi ; l'on en fit sortir un loup qui ne put être tiré.

« Le soir, en se retirant, quelques batteurs trouvèrent le cadavre....

« . . . . . M. Antoine ayant voulu prendre le chemin le plus court, son cheval plongea et s'abattit dans un bourbier.... Nous nous transportâmes sur les lieux, où était le cadavre à l'entrée de la forêt.... Ce cadavre était tout nu, il avait une cuisse d'emportée, l'autre à demie rongée, ainsi que le derrière et les reins, une joue dévorée, le col disloqué sans être coupé, y ayant huit blessures tout autour, l'empreinte de quatre grands crocs au ventre. . . . .

... Je ne saurais, Mgr., vous rendre des témoignages assez étendus sur le zèle dont M. Antoine est animé, sur l'activité avec laquelle il exécute de jour et de nuit ses opérations, et sur l'intelligence qu'il y met. L'on n'a à se plaindre de lui que pour lui-même. Il

(1) *Ibid.* C. 1734.

hasarde tout dans ses courses et va à travers les rochers, les précipices et les marais. Son aventure de
jeudi dernier nous causa d'abord les plus vives alarmes.
Il ne revint de la chasse du mardi qu'après neuf heures, par une nuit obscure et des sentiers affreux. »

« Il serait bien fâcheux qu'il arrivât quelque accident à un aussi galant homme, je ne lui en ai point dis-
simulé mes craintes et mon frère qui l'accompagne
partout ne cesse de lui faire entrevoir les dangers aux-
quels il s'expose. Monsieur son fils partage toutes ses
fatigues, et agit avec la même ardeur que lui. » (1).

Ce qui avait conquis à M. Antoine la sympathie
de M. Lafont, et de ceux avec qui ces chasses
le mettaient en fréquents rapports, c'était l'affabilité de
ses manières et de ses procédés, bien différents de la
morgue hautaine de son prédécesseur, c'était la commisération qu'il témoignait, on le verra plus loin, à
ces malheureux habitants, journellement exposés à
l'insatiable voracité des bêtes féroces, c'était enfin l'en-
durance qu'il montrait et le courage infatigable qu'il
déployait dans ces poursuites périlleuses, où sans
compter il payait bravement de sa personne, comme le
dernier des gardes qu'il avait amenés avec lui.

« Ni la chute que j'ai faite avant-hier dans un bourbier, où mon cheval voulant se relever m'a blessé légè-
rement le pouce de la main gauche, tout cela n'est rien,
ni la misère où nous nous trouvons souvent réduits
dans les pauvres villages où il est nécessaire que nous

(1) Relation de M. Lafont. Pourcher, p. 748-752.

habitions, où le foin et la paille manquent presque toujours, et réduit souvent nos chevaux à l'herbe alternativement avec le foin vieux ou nouveau, joint à ce qu'ils ont toujours les pieds dans l'eau et dans les pierres, sans l'avoine qui nous a été fournie ils seroient déjà hors de service, car ils marchent tous les jours. Nos gardes couchent presque toujours sur du foin, ne pouvant être permanents dans un même lieu. »

« .... Tout cela ranime notre ardeur contre ces monstres dévorants, surtout en voyant les malheureux restes des cadavres qu'ils ont dévorés, et aussi par l'amitié et la confiance que les habitants nous témoignent en cette occasion. »

« Nos gardes les mènent avec eux à l'affût, et il est promis un louis à celui d'entr'eux qui pourra tuer un loup, et nous vous représentons que c'est ces animaux qui ont dévoré la plupart des habitants qui l'ont été dernièrement et que si vous l'approuviez et voulussiez bien, il fut accordé 30 livres à chacun de ces habitants qui pourroit tuer un loup à l'affût, dans les endroits seulement où il s'est fait des carnages humains, ce qui seroit prouvé être hors de supercherie. »

« Les pluyes, les brouillards épais qui règnent tous les matins et qui durent souvent jusqu'au soir, les foins, les bleds qui ne peuvent être récoltés qu'à la fin d'août, les habitants qui y sont occupés, ce qui fournit toutes leurs ressources, tout cela retarde beaucoup toutes nos opérations. »

« Au Besset près Saugues, 27 Juillet 1765. »

« ANTOINE. » (1).

(1) Archiv. du P. d. D. C. 1735.

M. Antoine était donc bien convaincu que ces bêtes dévorantes n'étaient autres que des loups, et, certes, il était bien placé pour le savoir en connaissance de cause. Toutefois, quelle que pût être sa conviction à ce sujet, le résultat de ses labeurs n'en était aucunement modifié.

Allait-il, comme ses devanciers, se retirer devant ces loups qui demeuraient insaisissables ? Une légitime appréhension commençait à le gagner à mesure qu'une exploration plus complète lui faisait mieux voir les difficultés insurmontables de ces pays sauvages que compliquaient encore les intempéries qui sont le lot ordinaire de ces altitudes.

A sa sollicitation, une nouvelle ordonnance de l'Intendant d'Auvergne, du 23 Juillet, édictait de nouvelles prescriptions qui devaient lui faciliter les chasses entreprises.

Enfin, dans un mémoire, trop long pour être cité dans toute sa teneur, qu'il faisait porter par le sieur Regnault, l'un de ses gardes-chasses, à M. de Saint-Florentin, il exposait par le menu, ses observations sur la nature du pays et les secours dont il avait besoin pour chasser avec espérance de succès :

« Il n'y a point de différence entre les traces de la
« Bête anthropophage que l'on recherche et celles d'un
« grand loup. Depuis cinquante ans que le Sr Antoine
« chasse en France, en Allemagne, en Piémont, il n'a
« jamais vu de pays pareil à celui-ci et aussi difficile,
« pays de montagnes, coupé de ravins profonds et es-

« carpés, de rochers souvent inaccessibles où les loups
« font leurs tanières, de nombreux bourbiers ou
« *molières* font encore courir de grands dangers aux
« voyageurs ; les ruisseaux, habituellement guéables,
« grossissent considérablement par les grandes pluies;
« le pays est pauvre, mais les habitants se prêtent de
« bonne volonté aux battues. Il faudrait un limier de
« plus et un grand nombre de chiens, il indique à qui
« il faut les demander ; il supplie M. de Choiseul de lui
« envoyer 12 bons et sages sergents avec un officier
« d'infanterie pour commander les grandes et les peti-
« tes battues ; il demande enfin l'assistance de tous les
« bons chasseurs du royaume, « et nous les prions en
« cette qualité de vouloir bien nous accorder leurs
« bons avis par écrit, sur la conduite des chasses que
« nous faisons. » (1).

Pour qui connaît ces contrées, les craintes que
causaient à M. Antoine les difficultés des lieux et la
frayeur que lui inspiraient les nombreux bourbiers ou,
suivant son expression, « *les molières* » (2) particulières
à ces montagnes, étaient vraiment justifiées. On ne se
doute pas de ce que ces fondrières ont de perfidie et de
dangers pour les personnes inexpérimentées. Dans les
plis serrés qui se creusent au pied des sommets divers
de la Margeride, entre les futaies ou les taillis, s'allon-
gent d'étroites prairies, de sinueux pacages, revêtus
d'un fin gazon court et serré. Çà et là de larges pla-

(1) Archiv. du P. de D. Inventaire, p. 82.
(2) « *Las moulcyras* » dans le langage local.

ques, souvent circulaires, d'une végétation encore plus drue, ponctuent d'un vert plus intense la teinte monotone de ces pelouses rétrécies. C'est sous ce gazon plus verdoyant que se cachent les insidieux bourbier. Le chasseur plein de confiance et le nez au vent, avance devant lui sans hésiter. Soudain il voit, sous son poids, le feutre épais sur lequel il marche se mouvoir en des ondulations significatives. Il s'arrête et veut revenir sur ses pas. C'est bien un peu tard. Sous le tapis de verdure qui s'est traîtreusement entr'ouvert, son pied plonge déjà dans une vase gluante et tenace qui l'emprisonne sans merci. Il s'appuie sur l'autre pied, mais l'autre pied s'enfonce à son tour, et notre homme, pour gagner un sol plus ferme, n'a d'autre ressource que de s'étendre, s'aider de ses mains, et marcher à la façon des animaux. Une fois sa victime sortie, la pelouse perfide reprend son aspect habituel, et ne laisse rien deviner de ce qui vient de se passer.

Et quand le cavalier, lancé à fond de train, jetait son cheval dans ces fondrières invisibles, quelle épaisseur de boue devait couvrir, des pieds à la tête, l'homme et la bête, et quel danger pour eux de périr étouffés sans pitié, s'il n'y avait là des mains vigoureuses pour leur porter secours !

La Bête avait une préférence marquée pour ces passages, lorsqu'elle était poursuivie. Par un adroit détour elle évitait facilement ces pièges où les chevaux venaient s'embourber inévitablement.

A la chasse du 22 Décembre 1764, les deux dragons qui la serraient de près et allaient la sabrer n'avaient-ils pas été arrêtés par un bourbier ? Naguère encore, M. Denneval n'avait-il pas donné dans un de ces pièges invisibles ? M. Antoine, à son tour, ne venait-il pas, grâce à son inexpérience, de recevoir une dure leçon ? Enfin le garde Pélissier ne s'embourbait-il pas de telle sorte qu'il croyait y périr, et cet événement ne fut-il pas cause que les Chastel furent mis en prison, le garde les ayant accusés de lui avoir joué un mauvais tour ?

Cette sagacité du monstre faisant ainsi tourner à son avantage les difficultés du sol, excitait au plus haut point l'étonnement terrifié des indigènes. Il n'y avait plus à en douter, cet animal était sorcier et c'est surtout la nuit qu'il devait être difficile d'échapper à sa dent meurtrière.

« Je suis désespéré que malgré que j'offre douze livres au premier habitant qui viendroit m'avertir à l'instant de l'endroit où il y auroit eu quelqu'un de dévoré, et même douze livres de plus, si par cet avertissement le loup étoit tué, tout cela n'a pas pu jusqu'à présent engager aucun de ces habitants, poltrons comme des poules, à marcher la nuit même à si peu de distance des endroits où nous sommes par la frayeur mortelle dont ils sont remplis de ladite Bête qu'ils croient la plupart être sorcière. »

« Par les procès-verbaux signés de tous nos gardes et de moy sur les trois carnages humains qui se sont faits icy, nous reconnaissons être faits par des loups, sçavoir, celui de Broussolles, celui d'Auvert, et celui d'avant hier à la paroisse de Cervières (Servières), où un petit garçon âgé de 8 à 9 ans a été enlevé à la vue de son père, de sa mère et de sa sœur, et porté à plus de cinq cens pas, et un faucheur qui étoit près de là a obligé cette Bête de s'enfuir, ayant laissé le petit garçon sans connaissance, ayant eu deux crocs au-dessous du menton, la joue gauche ouverte, trois ou quatre dentées au-dessus de la tête, à l'épaule et à la main aussi. Cet enfant ayant été pansé par un chirurgien de Saugues, l'on espère qu'il n'en mourra pas....»

« Nous sommes dérangés à tout moment, ayant commandé demain une grande battue pour fouiller la forest noire et bois d'Auvert, où par le rapport des valets de limiers que les loups y ont leurs louveteaux.»

« Au Besset ce 29 Juillet.   ANTOINE. » (1).

En cette période de la chaude saison, où les récoltes couvraient le sol, où les foins qui séchaient et les moissons qui se doraient ne laissaient point chômer les bras valides, les opérations de M. Antoine étaient comme paralysées, et ne pouvaient guère se faire que le dimanche.

Aux premières journées d'août, M. le Comte de Tournon était venu le rejoindre avec une meute de 25 chiens, deux piqueurs et deux valets, et de concert ils tentaient de trouver la piste de la Bête, pour lui donner la chasse, dans le rayon circonscrit dont elle semblait ne plus s'écarter :

(1) Archiv. du P. de D. C. 1733.

« J'ai reçu les affiches pour avertir les paroisses d'Auvergne, les batteurs, tireurs et bergers avec leurs chiens pour se joindre aux différents rendez-vous qu'exige la queste continuelle que nous sommes tous les jours obligés de faire pour le détourner, ce qui nous paroit presque impossible, parce qu'il est presque toujours sur pied, il ne fait que roder à environ une lieue et demye autour de nous, mais vu la récolte, nous laissons les habitants en repos, à finir leurs foins et à commencer les blés, où il n'y a pas encore icy deux arpents de sciés. Mais les dimanches nous assemblons cinq ou six paroisses à tour de rôle pour faire une battue, qui fautte que les batteurs n'ont point d'ordre dans les marches elles ne peuvent réussir.... »

« Je quitte la plume par la rumeur que j'entends, et je la reprends pour vous informer, Monsieur, que cette rumeur étoit causée par tous les habitants de la paroisse de la Besseyre, dans le Besset, à une distance d'un demy-quart de lieue, qui couroient après ce loup qui venoit d'étrangler une grosse fille âgée d'environ 20 ans qui étoit assise à filer avec une autre grande et deux autres petites filles. Cela est arrivé à près de huit heures du soir, et il l'a traînée environ vingt pas dans un petit bois. Tous nos gardes, mesme M. le comte de Tournon, M. de Lafont et mon fils et moy serions arrivés à tems pour le tirer, si une grande quantité de monde n'y fut arrivé avant nous, ce qui l'a fait s'enfuir, un instant avant notre arrivée. Nous avons reconnu par le pied que c'étoit toujours le même loup. »

« Au Besset, le 9 août 1765.   ANTOINE. » (1)

(1) *Ibid.* C. 1736.

CHAPITRE XI

Insolents méfaits de la Bête

La Bête ne semblait aucunement s'inquiéter de la présence de M. Antoine, du comte de Tournon et de leurs chiens, non plus que des battues faites pour la déloger.

Le 11 août, M. Antoine avec ses gardes s'était transporté d'abord à Servières, puis de là à la Font-du-Fau, en Auvergne, pour y faire deux battues qui devaient se joindre au grand Bois Noir que l'on voulait investir et fouiller.

Au cours des opérations, on vint lui annoncer qu'une jeune fille, Marie-Jeanne Vallet, domestique de M. Bertrand Dumont, curé de Paulhac, avait été attaquée par la Bête en se rendant à Broussous, petite ferme voisine du chef-lieu de la paroisse.

Aussitôt, M. Antoine se transporta sur les lieux, étudia les traces et reconnut que c'était le même loup qui continuait ses ravages. Mais comme les chiens des bergers l'avaient poursuivi très loin, il lui fut impossible de prendre la suite et tout ce qu'il put faire, ce fut de dresser procès-verbal de la lutte entre la Bête et la dite jeune fille, âgée de 19 à 20 ans :

« Ladite Vallet, attaquée par la Bête, lui a porté
« dans le poitrail, de toute sa force, un coup de la ba-
« yonnette qu'elle portoit. M. Antoine a vu la bayon-
« nette teinte de sang sur une longueur de trois pou-
« ces ; la Bête une fois touchée a poussé un cri en
« portant une patte de devant à sa blessure, puis s'est
« roulé dans la rivière et a disparu. Au dire de Jeanne
« Vallet et de Thérèse, sa sœur, elle est à peu près de
« la taille d'un gros chien de troupeau, ayant une teste
« très grosse et platte, la gueule noire et de belles
« dents, le collier blanc, le col gris, beaucoup plus
« grosse par devant que par derrière, et le dos noir.» (1)

C'est alors que M. Antoine reçoit, envoyée de St-
Germain en Laye, par le sieur Regnault, garde-chasse,
une caisse remplie de pièges à loups, qu'il dispose aux
passages les plus fréquentés de ces terribles animaux.

Pendant quelques jours, on vit les gardes et les
chasseurs, la pioche sur l'épaule, au coin des bois
creuser des fossés, rétrécir les passages et dissimuler
adroitement les traquenards sous une mince couche de
terre. Qui sait si une fois ou l'autre la Bête ne finirait
point par marcher sur l'un des emplacements préparés?
Et soir et matin, avec une anxiété bien explicable, on
venait visiter le piège et voir enfin si aucune capture
n'était faite.

Mais la Bête, ou plutôt les loups avaient du flair,
et ces recoins si savamment préparés ne leur disaient

(1) Arch. du P. de D. Inventaire, C. 1736.

rien qui vaille. Aussi les pièges comme jadis le poison, n'eurent guère de succès.

Il n'y avait donc rien à faire contre ces maudites Bêtes !

M. Antoine ne craignait pas d'afficher ses sentiments religieux. Le lundi. 19 août, il faisait célébrer une messe solennelle du Saint-Esprit par M. Fournier, curé de la Besseyre.

Le prieur de Pébrac, les curés de Ventuéjols, de Saugues, de Paulhac et le prieur de Nozeirolles y furent invités. Le curé de Ventuéjols s'y rendit en procession à une lieue de distance et le concours fut si grand que l'église de la Besseyre ne put contenir tous les arrivants. Le clergé fit une procession où assistèrent MM. Antoine père et fils, le comte de Tournon, M. Lafont, les gardes-chasses et les piqueurs en uniforme et sous les armes. Au retour de la procession, on chanta la messe, on fit l'offrande et la cérémonie finit par l'*Exaudiat* et l'oraison pour le Roi. M. Antoine donna ensuite à dîner à tous les ecclésiastiques et leur remit de l'argent pour distribuer aux pauvres de leurs paroisses; il en distribua lui-même à ceux qui se trouvaient dans l'endroit.

Il n'était pas hors de propos d'invoquer l'assistance du ciel : la condition des habitants devenait si pénible, et les calamités semblaient si tristement se conjurer pour leur rendre l'existence pesante et douloureuse !

« Il fait ici un temps déplorable depuis trois jours

pour les biens de la terre, les blés qui sont presque tous sur pied ou à terre pourrissent sans pouvoir les serrer. » (1).

Les semailles, à cause des chasses continues, avaient été faites d'une manière insuffisante, le peu que l'on avait semé ne pouvant être levé d'une façon satisfaisante, on comprend facilement quelle misère devait peser sur ces populations appauvries qui n'avaient pas d'autres moyens de subsistance.

« La misère est si grande, ici, que presque tous les habitants manquent de pain, de sorte qu'ils sont forcés de se rendre aux battues en tombant d'inanission, faute d'avoir mangé, ce qui oblige même ceux qui ont quelque peu de bled de les faire moudre tous verts, ce qui m'engage à vous représenter combien nous souffrons de voir sous nos yeux, comme partout où nous allons, une si affreuse misère; elle a tellement touché hier M. de Lafont, qu'il a donné au rendez-vous, 18 livres aux trois paroisses du Gévaudan. »

« . . . . . Mon fils me mande de la Cour, que par la protection que vous avez bien voulu accorder à notre mémoire, qui a été porté au conseil, il avoit été résolu qu'il seroit écrit à S. Altesse Mgr le duc de Penthièvre pour avoir le sieur Chabeau, un limier et trois chiens courants pour loup, ainsi qu'à M. le Marquis de Montmorin pour avoir Dorade et deux chiens aboyeurs. Qu'il ne seroit pas écrit à M. de Champigny, mais que

(1) Lettre de M. Antoine à l'Intendant.

pour remplacer les chiens qui lui auroient été demandés, il nous sera envoyé les limiers, chiens courants, lévriers et mâtins d'équipage de la louveterie du Roy qui alloient nous arriver icy, conduits par un valet de chiens. »

« Au Besset, ce 21 août 1765. »

« ANTOINE. » (1).

Dans cette lettre M. Antoine demande en outre l'autorisation de distribuer quelques secours aux habitants.

Cependant l'on n'avait aucune nouvelle de la Bête depuis l'attaque de Jeanne-Marie Vallet à Paulhac, et l'on espérait que la blessure qui lui avait été faite par cette jeune fille aurait eu peut-être des conséquences funestes pour cet animal maudit. Plus de vingt jours s'étaient écoulés et l'on n'entendait parler d'aucun méfait. Bientôt les hypothèses devinrent des espérances et ces espérances prirent, dans les esprits, la consistance de réalités. Hélas ! on n'allait pas tarder à être déçu de toutes ces illusions !

Le 28 août, le garde Rainchard avait tiré de loin un fort grand loup que l'on croyait être la Bête poursuivie ; l'animal frappé à mort, put cependant fuir encore assez longtemps pour échapper aux chiens, et aller mourir près de Védrines-Saint-Loup.

Le fils d'Antoine fut alors envoyé pour rechercher l'animal disparu :

(1) Archiv. du P. de D. C. 1736.

« A St-Flour, 3 sept. 1765. »

« Monsieur, j'ay été détaché icy par mon père avec le sieur le Conte, garde-chasse du parc de Versailles pour venir réclamer un très-gros loup que le nommé Rainchard, garde-chasse de son Altesse Sér. Mgr le duc d'Orléans tira le 28 du dernier mois, lorsqu'il étoit occupé à regarder de petits enfants qui gardoient des vaches dans le bois de la Ténagère ; comme il porta son coup à deux lieues de là, les paysans de Verderine St-Loup l'apportèrent ici pour en recevoir la gratification du sieur de la Vallette qui m'en a remis les oreilles et la peau, et à force de perquisitions nous avons trouvé la carcasse de ce loup dont nous avons coupé les quatre pieds, et nous avons reconnu, suivant les connaissances que nous en avions, que c'étoit le même loup qui a déjà fait plusieurs carnages humains. Je m'en vais retourner à Verderine St-Loup en rechercher la tête que les paysans ont emportée. Mon père m'a chargé de vous demander deux cavaliers de maréchaussée pour faire marcher dans les battues les paysans qui refusent la plupart du temps le service....

« DE BEAUTERNE. » (1).

Le 8 septembre, une jeune fille du village de la Vachellerie, paroisse de Paulhac, disparaissait soudain vers les sept ou huit heures du soir, et l'on ne retrouvait d'elle que sa coiffure qui avait été rapportée par un berger.

M. Antoine, prévenu à une heure du matin de cet

(1) *Ibid.* C. 1736.

enlèvement, se rendit, trois heures après, avec quatre gardes-chasses et nombre d'habitants, au bois d'Armond, situé à courte distance du village de la Vachellerie pour y faire les recherches nécessaires :

« Nous avons reconnu que cette fille y avoit éplu-
« ché un petit bâton. Il a été trouvé encore dans la
« même place un petit morceau d'étoffe de la grandeur
« de trois à quatre pouces, percé de deux dentées.
« Ensuite de quoi, les valets des limiers et les dits
« gardes se sont tous mis à courir le bois. D'abord, ils
« ont trouvé une partie de vêtement tout déchiré et
« tout auprès une grande effusion de sang. Plus haut
« encore, il a été trouvé une partie de juppon toute
« délabrée par les plis qui étaient séparés, tous percés
« et remplis de sang. Beaucoup plus haut, dans une
« place de bruyère, a été trouvé, tout nu, le cadavre
« de cette fille, la gorge toute percée des crocs de
« cette cruelle bête, ayant la cuisse gauche toute
« mangée jusqu'à l'os. Cet animal l'a coupée et rongée
« tout près de l'emboîture de la hanche, et au ventre
« il n'a été aperçu que des meurtrissures et des égra-
« tignures des ongles que lui a fait cet animal en la
« dévorant » (1).

C'était vraiment inconcevable ! M. Antoine avait établi sa résidence au Besset, ses gardes étaient disséminés dans les villages avoisinants qui s'étagent sur les larges flancs du Montmouchet, l'un des plus hauts

(1) Archives du P. de D., C, 1736.

sommets des Margerides, et c'est juste aux alentours du Montmouchet que la Bête multipliait alors ses exploits audacieux.

C'est là que venait d'être attaquée Marie Vallet, là qu'avait été dévorée la fille de la Vachellerie. C'est là aussi qu'allaient être bientôt assaillis le muletier de Paulhac, et sur l'autre versant, les enfants de Teyssèdre.

On croirait aisément qu'il y avait quelque chose d'extraordinaire dans cette Bête, qui, alors qu'ailleurs l'impunité lui était facilement assurée, venait choisir ses victimes au milieu des chasseurs acharnés à sa poursuite et semblait ainsi les braver outrageusement.

Maintenant elle ne doutait plus de rien et s'en prenait aux hommes dans la force de l'âge.

« La Bête féroce attaqua, le 11, un muletier qu'on m'a assuré être âgé de 30 à 35 ans et être un homme vigoureux. Ce muletier conduisait six mulets, sur un desquels il y avait un fusil qui n'était chargé qu'avec de petits plombs. Il aperçut la Bête couchée sur la bruyère, prit son fusil et fut à elle et lui tira à environ 20 pas. La Bête se relève en fureur et vient sur le feu, ce qu'elle n'avait fait encore. Elle renversa ce muletier et un de ses frères étant en avant avec un autre homme et marchant à quelques pas de distance de lui, lorsqu'ils entendirent le coup de fusil, ils se retournèrent et aperçurent le muletier couché par terre, se débattant avec la Bête. Ils coururent à son secours et elle s'enfuit vers le bois de la Pauze » (1).

(1) *Ibid*. C. 1736.

Le muletier se nommait Gouny, et l'incident se passait non loin de Paulhac, sur la route de St-Flour.

Cet insuccès ne décourageait point la Bête qui recommençait ses tentatives sur l'autre versant du mont, en Auvergne, cette fois :

« Le Besset,

« L'an 1765 et le 13 du présent mois de septembre, nous, François Antoine, etc. ayant été averti aujourd'hui au Besset, lieu de notre présente résidence par le nommé Jacques Teissèdre, demeurant au Bessat (1), paroisse de Pignols [Pinols], en Auvergne, lequel nous a déclaré que hier au soir, au soleil couchant, l'ainé de ses enfants qui s'appelle Jean Teissèdre, de l'âge de seize à dix-sept ans, étant dans un pré à garder des bœufs, il a vu venir à lui cet animal qui lui a parû fait comme un chien et de la grosseur d'un loup. Cet animal auroit passé devant ledit petit garçon, et en même tems il s'est trouvé saisi au col par derrière en le renversant par terre, lui a fait une dentée considérable au col et deux derrière la tête ; à ce moment elle auroit quitté le petit garçon pour aller reprendre un autre petit garçon domestique dudit Jacques Teissèdre, âgé d'environ 11 à 13 ans, lequel enfant ne pouvoit parler à cause que ledit animal l'avoit saisi d'abord au col où nous avons aperçu deux dentées considérables pour y faire entrer le doigt, et la troisième dentée que cet animal lui a faite lui a fendu la joue environ un pouce et demi de

(1) Ce nom est diversement orthographié, on lit parfois Bussat ou Buffat.

long, et ensuite il a été déclaré par l'autre petit garçon qui étoit avec lui l'avoir vu traîner environ 50 pas sans le quitter et il l'a secouru avec une bayonnette qu'il portoit.

« A déclaré ledit Jean Teissèdre attandu qu'il étoit nuit ne pouvoir rien dire d'assuré touchant ce qui concerne la grosseur, grandeur, couleur du poil de cet animal que ce qu'il a déclaré cy-dessus, déclarant aussi ne savoir signer de ce interpellés, icy présens au Bessat les sieurs Lacôte, Pellissier, Dumoulin, Lacour, Lecteur, le sieur de Lafont et le sieur Antoine de Beauterne » (1).

Enfin, le lendemain, 13 septembre, était encore dévorée une jeune fille de douze ans, au hameau de Pépinet, paroisse de Venteuges, dans les bois contigus à la Besseyre-Saint-Mary.

Comme cette enfant n'était pas rentrée vers les 8 ou 9 heures du soir, ses parents allèrent à sa recherche à l'endroit où elle gardait ses bestiaux. On ne trouva que ses coiffes et une bayonnette fichée en terre à côté de ses sabots. Le lendemain, sur le bord du bois, on découvrit le corps de la victime en partie dévoré, et rendu méconnaissable. C'était la troisième de ce village.

Ces restes défigurés furent apportés à la maison

(1) Arch. du P.-de-D., C. 1736.

« J'ai donné des ordres pour faire payer au nommé Jean Teyssèdre une somme de 96 livres pour la gratification que vous avez bien voulu lui accorder, et comme son camarade a été dangereusemen blessé par la Bête féroce, le 21 du mois de septembre dernier, je lui ai fait donner 48 livres. »

où, suivant un récit transmis par la tradition, eut lieu une scène poignante de désolation et de désespoir. La mère, dans l'égarement de sa douleur, s'était jetée sur ces débris ensanglantés qu'elle serrait convulsivement en poussant des cris déchirants. On ne pouvait l'arracher à cette étreinte. Le père gémissait de n'avoir pas su garder auprès de lui sa fille, au lieu de l'exposer à la dent meurtrière du monstre.

Et avant que la tombe la reçut, la victime resta quelques heures dans cette demeure, recouverte d'un voile. Les parents, les amis, hommes, femmes et enfants, le plus grand nombre arrivés des villages voisins, venaient soulever un coin du voile et la regarder une dernière fois. Cette masse informe et sanguinolente, ces lambeaux de vêtements déchiquetés que raidissaient des taches noirâtres de sang coagulé, ces débris sans nom — tout ce qui restait de cette jeune fille pleine de vie la veille — pénétraient d'horreur tous les assistants. Et là, chacun s'apitoyait sans mesure en cris aigus, en sanglots déchirants, renouvelés chaque fois qu'entrait un nouvel arrivant. On ne pouvait résister à cette émotion contagieuse, et sur ces faces d'hommes endurcies par les intempéries et les rudes labeurs de la glèbe, on surprenait des larmes furtives qu'ils étaient impuissants à retenir.

On peut juger combien le monstre était maudit et combien la terreur était à son comble ! Pauvres gens que la misère accablait lourdement, que la douleur étreignait si durement et que la Bête infernale menaçait toujours. Personne ne pourrait donc les délivrer de ce fléau !

CHAPITRE XII

La chasse dans les bois de l'abbaye des Chazes (Auvergne), le 21 septembre 1765

M. Antoine, à son tour, se sentait tristement découragé en face de cette pénible situation.

Jusqu'ici il n'avait rien pu, et encore à l'heure présente, ses efforts étaient impuissants pour détourner les malheurs qui accablaient ces populations.

Depuis cinq jours, ces loups féroces — puisque pour lui il n'y avait que des loups — venaient impunément étaler leur audace sous ses yeux, et aucun d'eux n'était tombé sous ses coups. Ils se montraient si près de lui et il ne pouvait jamais les atteindre !

Et puis les gelées commençaient à se faire sentir à cette altitude. Bientôt allaient arriver le froid et la neige, et alors plus de chasse ! Les chiens — on lui annonçait une nouvelle meute de douze, menée par deux valets — ne pourraient être utilisés et il faudrait s'en retourner.

Oh ! quelles pénibles angoisses étreignirent son âme ! Il faudrait s'en retourner comme ses prédécesseurs, les mains vides, portant au front l'humiliation de son insuccès ! Il n'avait donc tant vécu que pour cette honteuse défaite ! Il avait eu de si beaux succès en Allemagne, en Piémont et ailleurs, et il venait échouer piteusement en pays de France, où il n'avait pu tuer un seul loup !

Il entendait déjà les railleries des courtisans, jaloux du choix qui avait été fait de lui. Il se voyait la risée de tout le royaume. Et puis, son humiliation ne rejaillirait-elle pas sur le Roi qui l'avait personnellement désigné pour cette mission dans laquelle il semblait près d'échouer ?

Dans un de ses rapports, on voit se refléter les inquiétudes qui tourmentaient son esprit :

« Le secours de la louveterie n'est pas encore arrivé, et je crains avec juste raison que la saison ne nous permette pas longtemps de pouvoir nous en servir, car il commence à geler et à y faire des brouillards assez tôt pour avancer notre retour, sitôt que nous ne pourrons plus opérer. »

« Le seul honneur m'a conduit dans ce pays-ci par la confiance particulière dont Sa Majesté et M. le Comte de Saint-Florentin m'ont bien voulu honorer. Un motif si respectable m'a porté à faire les plus grands efforts pour m'en rendre digne, et j'en ai rien fait à ce sujet puisque j'ai eu le malheur de ne pouvoir pas réussir jusqu'à présent. »

Ses angoisses d'ailleurs étaient partagées par sa famille. On lit dans une lettre, plus loin citée, de son épouse :

« Après une inquiétude mortelle, mon très cher
« bon amy, et la plus grande tristesse dont j'ai été pé-
« nétrée par votre dernière lettre où il paraissoit qu'il
« n'y avoit plus rien à espérer de ce triste état. . . . . .
« etc. » (1)

Il est bon de ne jamais perdre entièrement confiance, car c'est parfois au milieu des tristesses de la
noire désespérance que l'on entend sonner l'heure
joyeuse du triomphe.

Cinq jours après, le 21 septembre, M. Antoine ten-
tait une expédition en Auvergne, dans les bois des
Chazes. Cette heureuse journée allait changer les
anxiétés de la veille en une victoire inespérée.

« L'an 1765, le 21ᵐᵉ jour du mois de septembre,
nous François Antoine, chevalier de l'ordre royal et
militaire de Saint-Louis, porte-arquebuse du roi, lieutenant des chasses de Sa Majesté, s'étant par ses ordres
rendu dans les deux provinces d'Auvergne et du Gévaudan, à l'effet d'y détruire la Bête qui dévore les
habitants ; étant accompagné des sieurs Lacoste, garde
général, Pélissier, Regnault, Dumoulin, gardes chasses
de la capitainerie royale de Saint-Germain, des sieurs
Lacour et Rinchard, gardes chasses à cheval de Son
Altesse sérénissime Mgr le duc d'Orléans, premier prince du sang, des sieurs Lesteur, Lachenay et Bonnet,
gardes chasses de Son Altesse sérénissime Mgr le duc
de Penthièvre, prince du sang. »

« Ayant été informé que les loups faisoient beau-

(1) Archiv. du P.-de-D., D, 1736. Lettre du 30 sept. 1765.

coup de ravages dans les bois des Dames de l'Abbaye royale des Chazes, j'ai envoyé, le 18 dudit mois, les sieurs Pélissier et Lacour, gardes chasses, et Lafeuille, valet des limiers de la louveterie du roi, avec chacun leurs limiers pour reconnaître les bois de ladite réserve. Et le lendemain, 19 dudit mois, ils nous auroient envoyé avertir par le sieur Bonnet qu'ils auroient vu un gros loup assez près et qu'ils avoient pleine connaissance aussi dans lesdits bois d'une louve avec des louveteaux assez forts. Ce qui nous a fait partir tout de suite pour aller coucher audit lieu des Chazes, distance du Besset de trois petites lieues. Et le lendemain, 21me jour, lesdits trois valets des limiers et le nommé Berry, valet des chiens, nous ayant fait rapport qu'ils avoient détourné ledit grand loup, la louve et ses louveteaux dans les bois de Pommier, dépendant de ladite réserve, nous nous y sommes transporté avec tous les gardes chasses et 40 tireurs de la ville de Langeac et des paroisses voisines où après être tous placés pour entourer ledit bois; ensuite de quoi lesdits valets des limiers et les chiens de la louveterie s'étant mis à fouiller ledit bois, nous François Antoine, ez dits noms, étant placé à un détroit, il me seroit venu par un sentier, à la distance de 50 pas, ce grand loup me présentant le côté droit et tournant la tête pour me regarder; sur le champ, je lui ai tiré un coup de ma canardière chargée de cinq coups de poudre et de 35 postes à loup et d'une balle de calibre, dont l'effort du coup m'a fait reculer deux pas; mais ledit loup est tombé aussitôt, ayant reçu la balle dans l'œil droit et toutes lesdites postes dans le côté droit, tout près de l'épaule ; et comme je criois *Halaly,* il s'est relevé et est revenu sur moi en tournant et sans me donner le temps de recharger madite arme. J'ai appelé à mon secours le sieur Rinchard, placé près de moi, qui le trouva arrêté à dix pas de moi et lui a tiré dans le derrière un coup de sa carabine, qui l'a fait refuir environ 25 pas dans la plaine, où il est tombé roide mort. »

« Nous, François Antoine, ez dits noms, nous Jacques Lafont, avec tous les gardes chasses ci-dessus déclarés, ayant examiné la hauteur de 32 pouces, la longueur de cinq pieds sept pouces et demi ; la grosseur de trois pieds ainsi que celle des crocs et dents mâchelières, de même que la grandeur des pieds de cet animal, la pesanteur de cent trente livres (1) qui nous a paru des plus extraordinaires ; nous déclarons par le présent procès-verbal signé de notre main, n'avoir jamais vu un loup qui pût se comparer à cet animal. C'est pourquoi nous avons jugé que ce pourroit bien être la Bête féroce ou le Loup dévorant, qui a tant fait des ravages. Et pour en prendre une plus grande connaissance, nous l'avons fait ouvrir par le sieur Boulanger, chirurgien expert de la ville de Saugues, en présence de MM. Antoine, père et fils, de M. Lafont, de tous les gardes soussignés, des deux

(1) La lettre de M. de Balainvillers à Sa Majesté dit qu'il pesait 150 livres. (*Bullet. de la Soc. d'Agr. de la Loz.,* p. 200, Aug. André.)

valets des limiers de la louveterie du roi ; de M. Torrent, curé de Ventuéjols ; de M. Jean-Joseph Vernet et son frère, de la ville de Saugues ; de M. Torrent, de Lavès de Ventuéjols ; de M. Manson, de la paroisse de Grèzes, qui ont assisté au rapport qu'en a fait ledit sieur Boulanger, maître chirurgien. Et sur ce, s'est présenté M. Torrent, curé de Ventuéjols et Guillaume Galvier, consul de ladite paroisse, qui nous ont amené le nommé Jean-Pierre Lourd, âgé de 15 ans, et Marie Trincard, âgée de 12 ans, qui nous ont déclaré tous deux avoir bien examiné ledit loup, que c'étoit la même Bête qui les avoit attaqués et blessé ladite Marie Trincard, le 21 juin dernier, ainsi qu'il est déclaré par le procès-verbal fait par nous en conséquence. Et ne sachant écrire ni l'un ni l'autre, M. le curé et le sieur Galvier, consul, ont signé pour eux au bas du présent procès-verbal. »

« En second lieu, M. Bertrand-Louis Dumont, curé de la paroisse de Paulhac, et le sieur Ducros, consul de ladite paroisse, nous ont amené la nommée Marie-Jeanne Valet et Thérèse Valet, sa sœur, qui ont déclaré avoir été attaquées, le 11 du mois d'août dernier, par ladite Bête, suivant et ainsi qu'il est déclaré par le procès-verbal fait en conséquence. Lesquelles deux sœurs, après avoir bien examiné ledit loup, ont déclaré toutes deux être la Bête qui les avoit attaquées. Jeanne Valet a reconnu le coup de baïonnette, qui lui a été représenté que la Bête avoit reçue à l'épaule droite. Sur laquelle interrogation, elle a répondu qu'elle ne pouvoit déclarer où elle l'avoit blessée. »

« A été représentée à Guillaume Bergougnoux, âgé de 17 ans, et à Jean-Baptiste Bergougnoux, son frère, âgé de 15 ans, qui ont tous déclaré avoir été attaqués par ladite Bête, le 9 août, et secourus par Pierre Mercier, garde juré de M. le baron du Besset. Lesquels, après avoir aussi bien examiné ledit loup, ont déclaré l'avoir reconnu totalement pour la même Bête qui les avoit attaqués. Ainsi que la nommée Jeanne Mercier, âgée de 11 ans, attaquée aussi à la même heure, a été défendue par Pierre Vidal, qui déclare que ledit loup est la même Bête qui avoit attaqué ladite Mercier, lesquels ne sachant signer ni les uns ni les autres, M. Dumont, curé, et ledit Ducros ont signé pour eux au bas dudit procès-verbal, ainsi que nous, M. de Lafont et tous les gardes, etc. . . . . .

BOULANGER, TORRENT, ANTOINE, LACOSTE. PÉLISSIER, REGNAULT, DUMOULIN, LACOUR, RINCHARD, LECTEUR, LACHENAY, BONNET, TORRENT *curé*, LAFONT, VERNET, Antoine DE BEAUTERNE, MANSON, GALVIER, DUMONT *curé*, DUCROS. »

« Nous François Boulanger, maître chirurgien juré de la ville de Saugues, déclarons avoir fait l'ouverture d'un loup, par ordre de M. Antoine ; lequel, après l'avoir vuidé et sorti les entrailles, avons trouvé plusieurs lambeaux de chair et ossements, lesquels ossements nous n'avons pas bien pu discerner, si ce n'est quelques côtes de mouton, laquelle ouverture a été faite en présence de M. Antoine, M. son fils, M. de la Font, MM. les gardes-chasses et les habitants de Besset, et autres. Je certifie le présent rapport sincère et véritable. Fait au Besset, le 21 septembre 1765. Signé : BOULANGER *chirurgien.* » (1)

Comme ce loup avait été tué en Auvergne, il devait, ainsi que l'écrivait M. Antoine à l'Intendant de Languedoc, être envoyé à M. de Ballainvilliers, intendant d'Auvergne, pour être ensuite porté à Paris et montré au Roi.

Mais avant que l'animal parvint dans la capitale, l'heureuse nouvelle de sa mort l'y avait depuis longtemps précédé.

M. de Ballainvillers écrivait à Sa Majesté :

« Sire, »

« Nous sommes d'une joie inexprimable. M. Antoine de Beauterne, porte-arquebuse de Votre Majesté, a tué la Bête du Gévaudan. »

Le procès-verbal ci-dessus relaté fut aussi envoyé au Roi.

On ne saurait peindre mieux la joie et l'enthousiasme du Souverain et de la Cour, que ne le fait la lettre qu'adressait à son mari la femme de M. Antoine :

----

(1) *Procès-verbal fait aux Chases.* Imprimé sans nom d'imprimeur. Archiv. du P. de D., C. 1736. M. Boulanger reçoit 12 livres pour l'ouverture et l'examen qu'il a fait de ce loup. (*Ibid.*, C. 1737.)

« Versailles, 20 sept. »

« Après une inquiétude mortelle, mon très-cher bon amy, et la plus grande tristesse dont j'ai été pénétrée par votre dernière lettre où il paraissoit qu'il n'y avoit plus rien à espérer de ce triste état, je reviens tout d'un coup à la joie la plus inexprimable, la tête nous en tourne à tous de plaisir. Que n'êtes vous donc avec nous pour la partager et pour être témoin de la satisfaction que cela fait à la Cour et à la ville. Ma maison ne désemplit pas toute la journée pour recevoir des compliments. Quel coup heureux, et quel bonheur pour vous et pour nous que ce soit vous-même qui ayez tué ce furieux animal ! Votre fils Beauterne me mande être désespéré d'avoir quitté sa place pour courir à votre halaly. Quelle augmentation de gloire qu'il auroit aussi reçue, s'il eut pu tuer la louve dans le même instant ! »

« Il ne peut y avoir de satisfaction pareille à la vôtre et à la nôtre, car le Roy ne fait que parler de cela toute la journée ; depuis que Sa Majesté en a reçu le procès-verbal, elle a voulu faire elle-même la lecture en présence de toute la Cour, et sur le champ, le Roy a fait demander votre cher fils aîné, le capitaine, auquel Sa Majesté a fait l'honneur de lui parler une heure entière, en lui disant les choses les plus honorables sur votre compte, et tous les seigneurs de la Cour l'ont embrassé. Sa Majesté a eu la bonté de se rappeler toutes vos belles actions sur la chasse et sur les dangers dont vous l'aviez tiré, dans les chasses du sanglier et du cerf, et de tout votre zèle à le servir. »

« . . . . . . J'ay fait dire des messes en actions de grâces, et prie Dieu de tout mon cœur, pour qu'il vous rende et vous ramène dans le sein de votre chère famille, je n'aurois jamais de bras assez grands pour recevoir et embrasser de toute mon âme le meilleur de tous les maris et le plus tendre des Pères.» (1).

La fille de M. Antoine écrivait à son père une lettre à peu près semblable que nous ne citons pas pour éviter des longueurs.

(1) Archiv. du P. de D. C. 1736.

CHAPITRE XIII

La dépouille du grand loup à Clermont-Ferrand

Le grand loup, accompagné du fils de M. Antoine, fut d'abord porté à Saint-Flour pour être montré à M. de Montluc, le subdélégué de l'Intendance.

C'est le sieur Roux, du Besset qui se chargea du transport et reçut à cet effet 3 liv. 15 sols..

J. Médard, du Besset, pour avoir fourni deux paniers pour porter la Bête reçoit aussi 3 livres (1).

De là, l'animal, après un jour et demi de voyage, arrive à Clermont, où l'on décide qu'on l'accommodera afin que le fils de M. Antoine puisse aller le présenter ensuite lui-même à la Cour.

La préparation en fut confiée à M. Jaladon, qui dressa un rapport officiel de ses opérations :

« 27 Septembre 1765. »

« Je soussigné Charle Jaladon Mᵉ et démonstrateur de chirurgie, lieutenant de M. le premier chirurgien

(1) *Ibid.* C. 1734.

du Roy, chirurgien major du régiment de Riom, membre de l'accadémie des sciences et arts de cette ville de Clermont-Ferrand, certiffions qu'en vertu de l'ordonnance de Mgr de Ballanvilliers, intendant de la province d'Auvergne me suis transporté en son hôtel à l'effet d'y voir et visiter la bette féroce qui a fait tant de ravages dans le Gévaudan et les montagnes de l'Auvergne. A laquelle j'ay remarqué les cicatrices et playes dont il sera fait mention cy-après, et l'ayant faite transporter chès moy j'ay fait les plus exactes perquisitions sur toutes les parties de son corps en présence de Me Benoit du Vernin docteur en médecine et doyen de son collège et de Me François Fargeon Me en chirurgie prévôt de sa compagnie, J.-B. Raymond aussi Me et démonstrateur en chirurgie qui ont la bonté de m'ayder à l'examen et dissection dud. animal après lesquelles perquisitions il résulte les remarques suivantes : »

1° « Que l'animal commençoit à tomber en putréfaction, ce qui se manifestoit par l'odeur, la chute du poil et de l'épiderme. »

2° « Une cicatrice à la face interne de l'épaule droite qui pénétroit jusqu'au muscle. »

3° « Plusieurs cicatrices aux deux poignets ou à la partie antérieure inférieure des jambes de devant. »

4° « Deux trous citué à la partie postérieure des

deux cuisses qui paroissent avoir été faits par une bale. »

5° « Un coup qui a percé le globe de l'œil droit, pénétré dans la tête, et a fracturé les os de la base du crâne et a procuré la mort de l'animal, lequel coup paroît avoir été fait par une bale. »

6° « Une cicatrice derrière l'oreille gauche. »

7° « Une autre cicatrice pénétrante obliquement dans les chairs à la partie moyenne antérieure de l'épaule droite. »

8° La peau percée en différents endroits par de gros plombs ou chevrotines surtout dans le flanc gauche. »

9° « Plusieurs plombs de différentes grosseurs se sont trouvés dans les différentes parties inférieures de cet animal. »

10° « Les muscles du col de lombe du dos et de la machoire inférieure sont des muscles de chair d'une force bien au-dessus des loups ordinaires, toutes les autres proportions sont aussi plus considérables que dans cette espèce d'animaux. »

11° « Après avoir enlevé les téguments, les graisses et les parties musculeuses déjà séphaceliées (?) j'ay déséché les parties charnues avec la liqueur indiquée par M. de Buffon, ensuite, avec l'esprit de térébenthine j'ay placé dans l'intertice des muscles les poudres et les beaumes dont on se sert dans les embeaumements, les capacités sont remplies de poudres odorantes et gaumes balsamiques sel pénétrant de toutes les parties extérieures matelacées avec la même poudre pardessus le lignement ordinaire, le tout couvert de sa pau...... »

12° « La pau de cet animal a été si fatiguée que tout son long poil est tombé, la partie qui recouvre l'abdomen surtout s'est dépouillée de l'épiderme ainsy que quelques parties de la pau, suite de la mortification. »

13° « Toutes les autres proportions ont diminué de volume par le déséchement c'est ce qu'on peut remarquer par la table suivante :

« Proportion du tems que j'ai pris.   *désèchement*

	pied	*pouce*	*ligne*		*pied*	*pouce*	*ligne*	
« Longeur depuis le bout du né jusqu'à l'extrémité de la queue. . .	5	10	6		5	9	4	(1)
« Longeur depuis le bout du né jusqu'à la naissance de la queue . .	4	5	1		4	4	0	(2)
« Longeur depuis le bout du né jusqu'à l'occiput.	1	1	0		0	1	1	(3)
« Longeur du pied de derrière.		2	9			2	6	(4)
« Longeur du pied de devant		2	11			2	9	(5)
« Longeur du plus grand onglon.		1	1			1	1	(6)
« Longeur des dents canines ou défences. . .		1	3			1	3	(7)

(1) Le pied étant de 0,324, le pouce de 0,027, et la ligne de 0,002, nous avons en centimètres les longueurs suivantes : 1 m. 90 cent. et 1,87.

(2) 1 m. 433 et 1 m. 404.

(3) 0,35 cent.

(4) 0,072^m et 0,066.

(5) 0,076^m et 0,072.

(6) 0,029^m.

(7) 0,033^m.

Nombre de dents :

1° A la machoire supérieure dix huit, sçavoir six incisives, deux deffensives et six molaires, six du côté droit et quatre du côté gauche, et une prête à percer du même côté. »

2° « A la mâchoire inférieure vingt-deux, sçavoir six incisives, deux canines ou deffensives, et quatre molaires. Il y en a sept à chaque côté (*sic*).

« Le présent procès-verbal est sincère et véritable, en foy de quoy j'ay signé avec les cy-dessus nommés, à Clermont-Ferrand le 27 septembre 1765. J. D. F. R.»(1)

« *Etat des drogues fournies pour l'embaumement de la Bette féroce.* »

— Du 25 septembre 1765. 23 livres poudre aromatique composée avec feuilles de rhue, de mélisse, de romarin, de sauge, baume, thim, d'absinthe, marjolaine, de laurier, hissope, de mirthe, serpolet, de basilic, racine d'iris, d'angélique, de flambe, de calamus aromaticus, de fleurs de roses, de camomille, mélilot, de lavande, des écorces de citron et d'orange, de semences de fenouil, d'anis, de coriandre, de cumin.

46 livres à 40 sols.

12 livres poudre balsamique composée avec myrrhe, aloë, oliban, benjoin, storax, calamite, gérofle,

(1) Archiv. du P. d. D. C. 1736. Il est inutile d'ajouter que ce document et ceux cités en cet ouvrage, de la même provenance (Arch. du P. d. D. C. 1731-1732-1733-1734-1735-1736-1737-1738-1739-1740), sont tous inédits.

noix muscade, canèle, poivre blanc, souffre, de chacun
une livre et un quart . . . .   118 liv.

10 livres salpêtre.

4 livres liniment balsamique fait
avec terebenthine de Venise, storax
liquide, baume de copaü et autres . .   32 liv.

10 livres esprit de terebenthine. .   12 liv.

2 livres alun . . . .   1 liv. 10 s.

12 pintes liqueur dessécative faite
avec du sublimé corrosif, orpiment et
autres . . . .   38 liv.

« Le présent état montant à la
somme de. . . . .   254 liv. 2 s.
certifié véritable par nous marchand apothicaire soussigné à Clermont-Ferrand, ce 27 septembre 1765.»

« Signé : Ozy. » (1).

*Mémoire des avances que j'ay faites pour l'em-
baumement de la Bête féroce :*

« Pour le peletier qui la cousut .   9 liv.
« Pour du crin. . . . .   4 liv.
« Pour de la fiselle de lion. , . .   2 liv.
« Pour la quaise (caisse), la plan-
che de chaine et quatre fléchisses (?).   12 liv.
« Pour le ferement quié dans le corps
« de l'animal ou qui lié ses de piés.»   9 liv.

36 liv.

(1) Archiv. du P. d. D. C. 1737.

« Pour du linge . . . .   24 liv.
« Mémoire de M. Jaladon. . . .   60 liv.
« Mémoire de M. Ozy . . . . .   254 liv.
                                   354 liv.

« J'ay recut la somme de 354 livres pour l'embaumement et les drogues néséséres à cettè opération.»

« A Clermont, ce 4 Novembre 1765. JALADON. » (1).

« Pour honoraires d'un médecin, 3 chirurgiens et deux garçons occupés pendant 4 jours pour disséquer, embaumer et dessécher la Bête, et la mettre en état d'être présentée à Versailles. . .   200 livres. »

« Gratification que j'ay donnée pour partager entre tous les gardes lorsque deux m'aportèrent à Clermont la Bête féroce . . . .   300 livres. » (2).

Enfin on fit encore la dépense suivante :

« De la part de M. Gavoule pour deux coquarde de rubant grogren bleu et blanc. . . . .   4 livres. »

M. Antoine voulut faire reproduire par la peinture et la sculpture la Bête qu'il avait tuée :

« Je me suis trouvé si pressé de vous envoyer notre loup, que je n'ay pas eu l'honneur de vous prier très instamment de vouloir bien le faire peindre tel qu'il est, surtout sa tête grosse et platte venant en se

(1 et 2) Arch. du P.-de-D., C. 1737.

rétrécissant, jusqu'au bout du nedz , sa gueule ouverte pour montrer ses gros crocs, sa langue, des deux côtés de ses doubles dents, la partie blanche qu'il a sous la gorge, les côtés rouges, et la partie noire qu'il a jusqu'au bout de la queue. »

. . . . « N'ayant pas eu le tems d'en faire mention dans le procès-verbal, je vous suplie de vouloir bien m'envoyer un certificat particulier sur cette observation, joint aussi avec l'œil droit et le côté représentant la même blessure qu'il a reçue de moy tant de la balle qu'il a à l'œil que des postes. Je vous prie de trouver bon que je paye au peintre, au sculpteur ce tableau et toutes les dépenses concernant ce loup.... »

« . . . . Ledit loup bien représenté tant par le sculpteur en bois, doit y prendre le contour de ce loup, au-dessus de la peau, et plus fort qu'il n'est, parce que quand la peau de ce loup sera passée en la posant sur le modèle en bois dudit loup, ce que ladite peau ne pourra pas recouvrir, il sera à temps d'ôter le superflu du bois que ladite peau ne pourra pas contenir, ainsi il sera bien recouvert de sa peau après qu'elle aura été passée, le représenter debout sur ses quatre pieds, après quoy nous l'emporterons à Versailles pour être vû du Roy, des princes et des ministres. »

« Il sera ensuite abandonné au profit des 9 gardes qui sont restés ici jusqu'à présent et des deux valets de limiers de la louvcterie du Roy, et une part que je réserve pour mes domestiques, ce qui fera douze parts à partager entr'eux, car pour moy et pour mon fils, il y a longtemps que je me suis publiquement déclaré que si je tuois avec mon fils la Bête dévorante, telle somme qu'elle pût valoir à la faire voir, je n'en voulois pas toucher une obole, non plus que des autres dépenses personnelles que j'ay faites icy ainsi que j'ai eu l'honneur de vous en prévenir. »

« Au Besset, le 23 sept. 1765 (1).   ANTOINE. »

L'Intendant lui répondit qu'il allait le faire peindre, « embaumer et injecter, et l'on le mettra en état d'être « envoyé dans sa nature. On sera à temps à le préparer « à Paris, comme on jugera à propos, et l'on aura des gens plus habiles pour lui conserver sa figure. »

M. de Ballainvilliers remarque que plusieurs des caractères que présente l'animal sont propres à l'hyène, d'après M. de Buffon.

L'Intendant ne tarda pas à envoyer à M. de Saint-Florentin le portrait de « l'animal qui a exercé tant de « cruautés dans la province, aussi fidèle que l'a pu faire « le peintre qui réside à Clermont. »

M. de Saint-Florentin, en accusant réception, annonce qu'il l'a fait voir au Roi, et remercie (2).

A propos de peinture, nous reproduisons ci-contre une gravure retraçant approximativement « un dessin « à la plume rehaussé de couleurs, représentant la Bête « déchirant un enfant. ». Au bas : « A Mende, chez « Abraham Fontanel » (3).

Ce portrait avait été adressé le 22 juin à l'Intendant d'Auvergne par M. de Montluc.

(1) Archiv. du P. de D. C. 1736. Lettre à l'Intendant d'Auvergne.

(2) *Ibid.* Inventaire. C. 1736, p. 83.

(3) Archiv. du P. de D. Inventaire, p. 82. C. 1734

La Bête du Gévaudan   (Archives du Puy-d Dôme, C. 1734.)

CHAPITRE XIV

Destruction de la louve & de son louveteau

L'animal, ainsi préparé, fut ensuite apporté à Paris.

« Paris, le 2 oct. 1765. »

« M. Antoine le fils, arriva hier à Versailles avec la Bête féroce qui fut portée sur-le-champ chez M. le comte de Saint-Florentin, et ensuite chez la Reine où elle fut exposée aux yeux de toute la Cour, qui n'y vit qu'un loup carnassier, armé de défenses un peu plus extraordinaires que ceux connus. On ne manqua pas d'en détailler la figure. Il a été tiré successivement par Antoine le père et par le garde-chasse dont on a parlé. Ainsi ils partagent l'honneur de sa défaite, et sans doute ils auront la même récompense. On a injecté cet animal pour le conserver : on croit qu'il laisse postérité » (1).

Je laisse à penser si l'on fit fête au jeune chasseur, s'il fut entouré et félicité par le Roi et toute sa Cour.

On ne doutait pas que ce ne fut la Bête qui avait fait tant de ravages. Aussi, dans toute la France, au bruit

(1) Bibl. de l'Institut. 2803. A. L. POURCHER, p. 964.

répandu de cette victoire tant désirée, s'éleva un long cri de triomphe.

Mais nulle part la joie et la satisfaction ne furent aussi profondes que dans cette malheureuse contrée. Un soupir de soulagement s'échappa de toutes ces poitrines oppressées.

L'animal qui venait d'être tué était-il vraiment la Bête féroce tant redoutée ?

Les opinions étaient variées sur ce sujet.

M. Bès de la Bessière, de Saint-Chély, écrivait :

« L'animal tué par Antoine n'était pas la Bête qui avait fait tant de dégâts. Cet Antoine tua trois loups dans la même chasse et les conduisit à Paris en poste, mais sans doute il n'en montra qu'un pour mieux jouer son rôle et faire croire que c'était la fameuse Bête. Peut-être céda-t-il ou vendit-il les autres à des gens qui les portèrent çà et là, pour gagner de l'argent, ce qui est vraisemblable » (1).

M. Ollier, curé de Lorcières, en Auvergne, dans une lettre du 28 décembre, que l'on lira plus loin, soutenait aussi que la Bête n'était point morte et que cette Bête n'était point un loup.

Ces assertions sont contestables. La première est injuste ; elle est en contradiction avec le procès-verbal fait, avec les témoignages des personnes appelées, et démentie par les événements qui vont être racontés.

L'une et l'autre d'ailleurs se basaient sur cette

(1) Aug. ANDRÉ. *Bulletin de la Soc. d'Agr. de la Lozère* Année 1884, p. 201.

conviction qu'il n'y avait qu'*une seule Bête* et que *cette Bête n'était point un loup.*

Or, le loup tué par M. Antoine était bien l'une des bêtes qui dévoraient le monde. Ses proportions exceptionnelles, les affirmations des personnes attaquées par lui, et surtout ce qui se passa dans la suite, en paraissent être une preuve catégorique.

L'opinion personnelle de M. Antoine semble très acceptable :

« Je ne prétends pas prouver qu'il n'y ait eu d'autres loups qui ne se soient joints à lui pour dévorer les humains, comme il est arrivé en 1630, où l'on a été huit ans à les détruire, et je suis trop modeste pour avancer qu'il est seul. Si j'avais reçu plus tôt les chiens que j'avais demandés, il y a longtemps que j'aurais été plus expert à rendre cette connaissance plus parfaite » (1).

A Paris, la Cour avait accueilli sans restriction cette créance que la Bête était bien morte. Seulement il restait encore une louve, sa femelle, avec deux louveteaux. M. Antoine reçut ordre de faire tous ses efforts et de continuer ses chasses pour exterminer cette engeance. Il vient donc engager de nouvelles poursuites dans les bois qui lui ont été déjà si propices.

« 24 septembre. Au Besset. »

« J'ai été avant-hier coucher à l'abbaye de Pébrac, en Auvergne, et nos six valets de limiers ayant été au

(1) Lettre à l'Intendant de Languedoc du 22 septembre.

bois dans ses environs, ils n'ont rien trouvé, et je suis revenu hier coucher icy, et lesdits valets de limiers ont fait tous les bois qui nous entourent et n'ont rien trouvé. Nous irons demain, suivant vos bons avis, coucher à l'abbaye des Chazes pour tâcher de détruire la louve et les louveteaux, suivant ce que vous me marquez d'assez intéressant à ce sujet. ANTOINE » (1).

« J'ai l'honneur de vous écrire, sans envelope fautte de papier, que je me suis rendu icy pour exterminer la veuve et les enfants de la beste que je vous ai envoyée. J'ay profité de votre avis ; nous les avons chassés hier quatre heures de suite, dans des bois si fourés, entrecoupés de roches de façon qu'ils sont impénétrables, de façon que nos chiens se sont randus, de façon que nous avons été obligés de nous retirer ; cependant deux maladroits tireurs de Langeac ont manqué la grande louve bien près de l'endroit où ils l'ont tirée. Messieurs de Langeac nous traitent fort mal en tireurs ; ils nous envoient des gens qui n'ont jamais porté de fusil, de douze ans ou bien treize au plus ; cependant j'en avois pris 30 que j'ai payés chacun 12 sols sans aucun batteur, ayant des chiens qui valent mieux que 400 batteurs. »

« A l'abbaye de la Chaze en Auvergne, ce 28 septembre 1765.   ANTOINE » (2).

La Cour suivait avec beaucoup d'intérêt les nouvelles chasses, — on peut en juger par les lettres que

(1 et 2) Arch. du P. de D. C. 1736.

M. de Saint-Florentin écrivait à l'Intendant d'Auvergne — et M. Antoine avait été prié de donner sur ses opérations les détails les plus circonstanciés, ce dont il s'acquittait très ponctuellement.

« 5 octobre. Je n'ay pas manqué de faire tout mon possible pour détruire la grande louve et deux louveteaux qui restoient de celui que j'ai tué dans le bois de l'abbaye royale des Chazes. Nous les avons chassés hier pour la troisième fois ; dans la seconde chasse, elle avait été tirée deux coups par des maladroits qui ont été sans effet ; hier, elle a été tirée par deux de nos gardes et elle faisait beaucoup de sang, de sorte qu'elle a refui très loin, ne la pouvant suivre par l'impossibilité du païs. Aujourd'huy j'ay envoyé les valets de limiers pour reconnaître si elle étoit revenue, ils n'ont revu que les louveteaux qu'ils n'ont pu détourner et que sûrement nous irons chercher demain. . . . . .   ANTOINE » (1).

Le 8 octobre, M. Antoine annonce que M. le Comte de Tournon est revenu avec sa meute pour achever l'extermination des loups qui restent.

Il demande, en outre, combien il peut donner « au chirurgien qui a pansé pendant quinze jours l'enfant du Bessat, paroisse de Pignols (Pinols), en Auvergne, auquel la Bête avoit tordu le col, et qui est tout à fait dans le besoin. » (2).

(1) *Ibid.*, C. 1736.

(2) On lit dans les comptes de dépenses cette note : « Etat des services randu au nomé Peirechon domestique du « métayer du Bessat qu'il fut blessé par la Bête féroce le trese « sétanbre, auquel jay reste quense jours pour le gérir radical- « ment et jay fournis trois livres dix sols des ongans ou vin.» Il n'y a aucun chiffre au total de ce compte.

« Nous ne savons pas encore si la louve blessée à sang est morte, nous la recherchons dans les environs où elle a été blessée ainsi que ses deux louveteaux ce qui est de la plus grande conséquence à détruire quoi qu'on nous mande ailleurs que deux loups ont dévoré onze moutons en une semaine, de deux hameaux seulement, mais nous nous flattons que si nous avons détruit cette louve et sa maudite race, notre besogne sera bien avancée, ainsi que la saison ici qui nous forcera de discontinuer et de nous en aller. »

« Comme je finissois ma lettre, Madame la prieure de l'abbaye des Chazes me vient de mander que les deux louveteaux de cette maudite race ont reparu dans les bois, sans qu'il soit fait mention de la louve blessée en dernier lieu, nous y envoyons ce soir trois valets de limiers, et demain nous irons tous ensemble pour détourner ces deux louveteaux que nous n'avons pas voulu détruire, sans auparavant avoir détruit cette louve. »　　　　　　« ANTOINE. » (1).

Le lendemain 14 octobre, M. Antoine avec ses gardes se transportait dans la forêt des Chazes, et réussissait cette fois encore à détruire la Grande louve qu'il poursuivait :

« L'an 1765, le 14ᵐᵉ jour du mois d'octobre, nous François Antoine. . . . . . envoyé par ordre de Sa Majesté dans les provinces de Gévaudan et d'Auvergne. . . . . . .à l'effet d'y détruire la Bête féroce

(1) *Ibid.* C. 1736.

et les loups qui ont désolé ces deux provinces, jusqu'à présent ayant le bonheur de tuer le grand et prodigieux loup qui avoit selon toute apparence, la meilleure part de ces désastres. Ayant les ordres de Mgr le Comte de St-Florentin de faire notre possible pour détruire la louve et les deux louveteaux du dit loup : A cet effet nous déclarons par le présent procès-verbal nous être trompé dans la dernière chasse ayant déclaré que nous avions blessé à sang ladite louve. Car c'étoit un grand loup qui étoit venu aux hurlements qu'elle faisoit toutes les nuits, et nous ne doutons pas que ledit loup ne soit mort ayant été mourir bien loin des deux coups de fusil bien appliqués qu'il avoit reçus. »

« A l'égard du louveteau tiré à ladite chasse, il a été mourir sous une carrière de roches impraticables à fouiller. Depuis ce temps, nous n'avions pas voulu tuer les louveteaux que nous n'eussions tué la mère. Or ayant été averti au Bessat le jour d'hier que ladite louve et ses louveteaux avoient dévoré six moutons, de quoi les cinq valets des limiers avoient connaissance…. »

…. « Nous sommes arrivés ce jourd'huy de bon matin à ladite abbaye des Chazes et les valets des limiers nous ayant fait rapport qu'ils y avoient détourné dans une même enceinte la louve avec son louveteau, nous nous sommes déterminés à les chasser tout de suite. Ayant bien ordonné que l'on ne s'attacha qu'à ladite louve qu'au premier coup de trompe a débuché, ce qui a fait que les chiens ont été une bonne demie heure à la rapprocher bien loin où elle avoit refuit, dans des gorges et des caves terribles où le sieur Regnault s'est transporté avec quelques chiens qui l'ont relancée, et ils l'ont chassée encore environ une heure et demie après quoi ledit sieur Regnault l'a tirée et blessée. Et ensuite elle est venue se faire tuer par deux paysans de la ville de Langeac en Auvergne, dans la même enceinte, et environ vingt pas d'où j'ai tué le grand loup. L'ayant faite ouvrir, nous n'avons rien trouvé dans sa capacité que très-peu de chose. Suivant la mesure prise par nous, elle avoit 26 pouces de hauteur, l'on a reconnu à ses brêmes avoir nourri plusieurs louveteaux, dont il n'y en reste plus qu'un que nous espérons aussi détruire. »

« Après quoi les neiges commençant à tomber ici abondamment même sur la Margeride, s'il n'arrive pas de nouveaux malheurs nous serons forcés d'interrompre nos chasses, car il y a 24 jours cejourd'huy que personne n'a été attaqué ou dévoré, mais bien de moutons, chèvres et cochons mangés par les loups qui courent toujours le pays. »

« En foi de quoy nous avons affirmé véritable le présent procès-verbal les jour et an que dessus. »

« ANTOINE; LUGEAC, abbesse des Chazes; BEAUVER-GIER, prieure; PÉLISSIER; REGNAULT; DUMOULIN; LACHENAY; LESTANG; LAFEUILLE; BERRY » (1).

(1) Arch. du P. de D., C, 1736. Il existe deux exemplaires de ce procès-verbal, l'un imprimé sans nom d'imprimeur, l'autre manuscrit.

M. Antoine écrivait le surlendemain, 16 octobre :

« Il n'y a plus qu'un louveteau à tuer, ce que vous verrez par le procès-verbal cy-joint; ce que nous allons tâcher de faire, après quoy nous prendrons quelques jours de repos dont nous avons très grand besoin » (1).

Et enfin le 19 octobre :

« Monsieur, j'ai fini ma carrière par la mort du dernier louveteau qui a été tué avant-hier à notre dernière chasse; nous sommes excédés de fatigue et nos chiens aussy, ce qui nous force à prendre quelques jours de repos avant de partir suivant la permission que j'en ai reçu. Depuis 29 jours aujourd'hui, il n'y a eu aucune nouvelle et personne n'a été dévoré ny même attaqué. Dieu veuille que cela subsiste toujours, j'emporte la mère louve avec un louveteau qui est plus fort qu'elle et qui auroit peut-être égalé son père. C'est pourquoi la défaite en est bonne. Si j'avois eu plus tôt des chiens pour loups, j'en aurois au moins ôté une

(1) Ceux qui tuèrent la louve reçurent une gratification :

« Nous soussignés, habitants de Langeac et Chantuéjols, tant pour nous que pour tous ceux icy présents, commendés pour la chasse, reconnaissons avoir reçu de M. Antoine la somme de 45 livres, sçavoir pour ceux qui ont tué la louve 24 livres, et le reste pour les autres chasseurs au nombre de 23. »

« Aux Chazes le 14 octobre 1765. »

Signé : « PÉGHAIRE, DUCHAMP, MARIE. »

« Les deux paysans qui ont tué la louve sont Jean Brun et Pierre Brun. »   (*Ibid.* C, 1737.)

quarantaine de ces provinces qui reviennent à force....

« ANTOINE. »

« A l'abbaye royale des Chazes » (1).

L'accommodage préliminaire de la louve et du louveteau avait été plus modeste et moins dispendieux que celui du grand loup :

« Débourcé pour l'accommodage de la louve et du louveteau :

10 liv. de foin pour la louve		5 sols
7 liv. de sel	2 liv.	9 sols
10 liv. de foin pour le louveteau		5 sols
6 livres de sel	2 liv.	2 sols
	5 liv.	1 sol

« Pour acquit, REGNAULT » (2).

Ce second louveteau, d'après le rapport de M. Lafont, était déjà plus gros que sa mère, et beaucoup plus fort que ne le sont ordinairement les louveteaux de cinq ou six mois que celui ci pouvait tout au plus avoir ; il avait déjà, comme le gros loup, quatre crochets en avant et quatre en arrière.

(1) *Ibid.* C. 1736.

Dans le procès-verbal imprimé, plus haut cité, on avait écrit cette note à la main :

« M. Antoine a depuis mandé à M. de Ballainvilliers que « le dernier louveteau a été tué, qu'il est plus fort que la louve « et qu'il auroit suivant toute apparence égalé son père en « taille et en grosseur. »

(2) *Ibid.*, C. 1737.

Le 30 octobre, M. de Saint-Florentin remerciait
M. de Ballainvilliers des nouvelles qu'il lui avait fait
tenir concernant les derniers loups tués. « Il y a à
« présumer que ce sont ces animaux qui ont si long-
« temps désolé l'Auvergne et le Gévaudan, et je vois
« avec bien du plaisir que ces pays sont enfin délivrés
« de ce fléau » (1).

M. Antoine, jugeant son rôle fini partait du Gévaudan, le 3 novembre, pour se rendre à Saint-Flour,
et de là à Fontainebleau.

Pas n'est besoin de raconter le succès qu'il eut à
la Cour et les félicitations qui l'y attendaient.

« M. Antoine de Beauterne reçut la croix de Saint-
Louis et mille livres de pension pour récompense de
sa bravoure. Son fils obtint une compagnie de cavale-
rie » (2).

M. Bès de la Bessière affirme qu'il leva en outre
deux cent mille livres dans Paris en faisant voir cet
animal. La lettre du 23 septembre, plus haut citée
indique à qui devait effectivement revenir la somme
recueillie par cette exhibition.

Enfin, le 28 décembre, M. Antoine adressait, de
Versailles, à l'Intendant d'Auvergne, une requête bien
légitime :

« Je vous prie de vouloir bien avoir pour agréables
les compliments que j'ai l'honneur de vous faire au

(1) *Ibid.*, C. 1736.
(2) Aug. ANDRÉ. *Bulletin de la Soc. d'Agr. de la Lozère*,
1834, p. 201.

sujet de la nouvelle année et sans le séparer de la reconnaissance la plus vive sur toutes les bontés que vous avès bien voulu avoir pour moi, lesquelles m'ont prouvé la réussite de ce que le Roi et vos Provinces attendent de tous les efforts que j'ai faits pour y parvenir, et j'ay attendu plus de 100 jours pour pouvoir me flatter moi-même qu'il n'y avoit que ces deux loups qui avoient affecté les deux provinces d'Auvergne et de Gévaudan dont les habitants étoient dans la juste crainte d'être dévorés à tout instant ; mais je suis comblé d'apprendre de toutes parts, entr'autres à M. le marquis d'Espinchal qui arrive, qu'il n'y a plus aucune Bête dévorante dans ces deux provinces et que pour ma propre satisfaction je vous suplie de me faire l'honneur de m'en accorder un certificat signé de votre main tel que j'en ai reçu un de la province de Gévaudan. . . .

« Antoine » (1).

On ne sait point quelle fut la réponse de l'Intendant.

Il est malaisé, en ce monde, de faire de grandes choses sans être entamé par la critique et l'envie : tandis que M. Bès de la Bessière contestait sa victoire à M. Antoine, un professeur de mathématiques essayait aussi de s'attribuer l'honneur du procédé qui avait vaincu la Bête (2).

(1) Arch. du P. de D., C, 1736.

(2) Dans une lettre du 6 avril 1768, le sieur Gravois de Saint-Lubin, maître de mathématiques à Versailles, se plaint de ce que le sieur Antoine s'est servi pour détruire laBête d'un

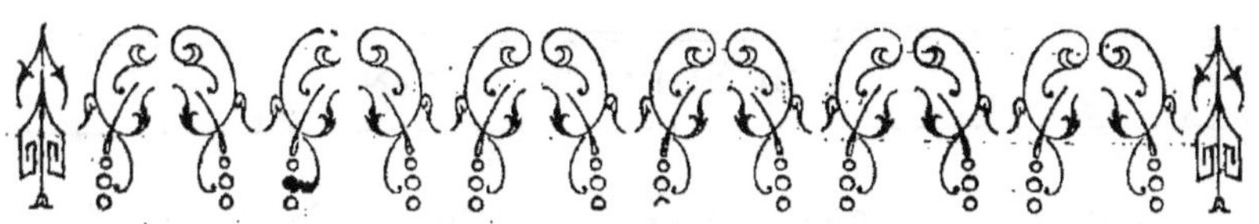

CHAPITRE XV

—

Comptes et dépenses faites par
M. Antoine

Ces chasses multiples, on le prévoit bien, n'allaient
pas sans dépenses, et, l'heure venue, il fallait solder
les hommes, comme aussi payer la nourriture, le louage
et le logement des chevaux.

secret inventé par lui-même et communiqué à la Cour dès le
mois de mai 1765 ; il s'agissait « d'une salle cage ou bosquet
« soit en bois, en fer ou corde, qui sera à jour de toute part ;
« cette salle sera ainsi construite : elle sera partagée en deux
« parties, la séparation sera à jour ; une partie sera pour rece-
« la Bête dont les portes et planches supérieures seront à
« coulisses et en état d'arrêter à l'instant la Bête entrante en
« les laissant tomber ; l'autre partie sera pour mettre les hom-
« mes qui seront dans une tranchée pour lâcher le tourniquet
« sur lequel le cap de corde sera détenu. » Le petit détroit au
bout d'un sentier où les gazettes disent que le sieur Antoine
a arrêté et tué la Bête, ne peut être autre chose que le secret
en question. « Le fils du sieur Antoine, le jour qu'il a présenté
« la Bête au Roi, m'a injurié et menacé, dont j'ai informé M. le
« comte de Noailles, qu'il étoit bien fâché de ce qui m'étoit
« arrivé, et que je n'avois rien à craindre de cabale. » M. Gravois demande à M. l'Intendant d'Auvergne de faire faire une
enquête sur les lieux.

(Inventaire des Arch. du P. de D., C. 1740, p. 86.)

En certains cas, une répartition égale de ces frais divers était faite entre le Languedoc et l'Auvergne, et c'est la part de cette dernière province qui peut seule nous intéresser.

Ces comptes sont si variés et si nombreux qu'il suffira, pour éviter un fastidieux encombrement, de citer, parmi les dépenses faites par M. Antoine, quelques exemples seulement.

« Débourcé de M. Antoine »

Pour des sergents.	3 liv.
A un homme qui a servi de tambour à une battue à la Font du Fau . . .	1 liv.
Pour faire du bouillon aux deux enfants du Bessat blessés par la Bête.	7 liv.
A un homme qui a porté des ordres. .	14 s.
	11 liv. 14 s.
A plusieurs habitans qui sont venus reconnoître si le loup tué par moy étoit la Bête qui les avoit blessés ou attaqués.	6 liv.
Pour guides à Pébrac et dans d'autres endroits.	4 liv.

Autre débourcé de M. Antoine. 25 sept. 1765

A dix-neuf tireurs de Langeac et Chantuejols, employés à 20 sols par jour	19 liv. 4 s.
A différentes personnes qui ont conduit les chiens à la chasse.	4 liv. 4 s.

A deux hommes qui ont élagué des sentiers dans les bois des Chazes pour y tuer la louve. . . . .   2 liv. 5 s.

Pour l'accommodage de la louve et
du louveteau. . . . .   5 liv. 1 s.

Pour dix passages du Bac sur l'Allier, aux Chazes, à raison de 24 sols par
passage, pour passer et repasser M. Antoine, les gardes-chasses, les tireurs, les
chevaux et les chiens . . . .   12 liv.

Aux cavaliers de maréchaussée de
Langeac qui ont servi le Roy et cette
province à la suite de M. Antoine, à
raison de 30 sols par jour de gratification . . . .   75 liv.

Aux tireurs de Langeac et Chantuéjols qui sont venus aux différentes chasses de M. Antoine faites pour les loups
aux bois des Chazes.   154   8 s.

A différentes personnes que l'on a
prises pour conduire les chiens auxdites
chasses   7   17

Dépenses d'entretien des chevaux d'Auvergne

Au nommé Enjelvin, sellier de Sau-
gues, suivant son reçu. . . . .   15 l.   15 s.
Audit Enjelvin, suivant son autre reçu.   19   19
        »   »   7   14
        »   »   1   2
                                        ____
                                        44 liv. 10 s.

« Subdélégation de Saint-Flour. »

« Etat des particuliers de la ville de Saint-Flour qui ont fourni des chevaux pour le service de M. Antoine, chevalier de Saint-Louis, lieutenant des chasses du Roi, envoyé de sa part pour détruire la Bête féroce le 8 juillet 1765, ensemble du prix des chevaux, et la dépense que les particuliers ont faite pour les écuries au Malzieu :

« Etienne REGIMBAL, marchand boucher, a fourni un cheval pie dont le prix a été
fixé à la somme de   170 liv.
    Pour les journées   30
    Pour dépense pour l'écurie du
dit cheval au Malzieu   2   202 liv.

« Pierre REYNAL, marchand boucher, a fourni une jument poil noir, dont le prix a été fixé à la
somme de   130
    Pour journées   30
    Pour dépense   2   162

« Le sieur BATTIFOULIER, marchand, a fourni une jument poil bay clair, courte queue, dont le
prix a été fixé à   100
    Pour journées   30
    Pour dépense   2   132

« Jean Bouboulaine a fourni une jument poil bay clair dont le prix a été fixé à   120 liv.
    Pour journées   30
    Pour dépense   2   152 liv.

« Jean Missonnier, md., a fourni une jument poil bay clair dont le prix a été fixé à   100
    Pour journées   30
    Pour dépense   2   132

« Jean Valas, md., avait donné pour fournir à la dépense d'une jument qu'il avait donnée jusqu'au Malzieu, d'où elle fut renvoyée par M. Antoine   2

Total . . . 782 liv.

« Nous Subdélégué de l'Intendance d'Auvergne, au département de Saint-Flour, reconnaissons avoir reçu de M. Lavergne, commis à la recette des tailles de cette Élection, la somme de sept cent quatre-vingt-deux livres, que nous avons donnée de suite aux particuliers dénommés dans le présent état. »

« A Saint-Flour, le 16 août 1765.

« *Signé,* Montluc » (1).

(1)) Archiv. du P. de D. C. 1737,

Un second état des « fourrages, ferrages et·pansements des chevaux fournis par l'Auvergne et le Gévaudan à Messieurs Antoine, père et fils, aux gardes-chasses et leur suite, depuis le 23 juin dernier, jour de l'arrivée de M. Antoine et de sa troupe à Saugues, jusqu'à cejourd'hui 13 octobre », s'élève à la somme de 855 livres 17 sols 3 deniers (1).

Les fourrages avaient été fournis par Charrade de Sauzet, Domaison, Prolhac de Ventuéjols, Meyronnenc et Merle de Combret, Montet de la Barthe, Biscarrat d'Auvert, Bouquet et autres du Besset.

Enfin une dernière note était payée un mois plus tard au sujet de ces mêmes chevaux :

« A Mende, 6 novembre 1765. »

« J'ai l'honneur de vous envoyer la copie du compte des fourrages que j'ai continué à faire fournir aux chevaux d'Auvergne, ainsi que des frais de ferrage et pansement de ces chevaux, jusqu'au trois de ce mois, jour auquel M. Antoine a quitté le Gévaudan. J'ay remis à mon passage à Saint-Flour l'original de ce compte à M. de Montluc qui m'en a fait payer le montant se portant à 175 livres 8 sols 3 deniers.... » (2).

L'abbé Pourcher estime à 16.000 livres environ les dépenses faites par M. Antoine et ses gardes, dans le cours des cinq mois qu'il passa en Gévaudan et en Auvergne pour y suivre la Bête féroce.

(1) Archiv. du P. de D. C. 1737.
(2) Lettre de M. Lafont à l'Intendant d'Auvergne. *Ibid*. C 1737.

CHAPITRE XVI

—

Décembre 1765

Ces populations depuis si longtemps éprouvées allaient donc enfin retrouver la quiétude et la sécurité tant désirées !

Car la Bête était bien morte !

N'était-ce point ce loup prodigieux, n'était-ce point cette louve avec son louveteau, déjà plus gros qu'elle, que l'on venait de détruire, qui étaient les auteurs de tous ces méfaits ? Sans doute M. Antoine n'avait pu montrer la dépouille du second louveteau, sans doute il n'avait pu pénétrer dans les profondeurs de la carrière où il s'était réfugié ; mais, en chasseur expérimenté, il savait qu'il n'y était entré que pour y périr.

Toutes ces Bêtes étaient donc bien mortes !

A Clermont et dans toute l'Auvergne, dans tout le Gévaudan, à Paris et dans toute la France, dans toutes les bouches et toutes les gazettes, on ne voyait et on n'entendait raconter que la mort de la Bête.

Les gardes-chasses, les chasseurs, MM. Antoine étaient partis à tout jamais : c'est bien parce qu'ils avaient détruit le monstre redouté, c'est bien parce qu'il ne restait plus rien de cette engeance meurtrière.

A la Cour, les Ministres et le Roi, réjouis de cette victoire, faisaient à l'heureux chasseur un accueil triomphal.

Qui donc oserait affirmer que la Bête n'était point morte?

D'ailleurs les faits étaient là pour en faire la preuve. Les jours et les nuits se succédaient, des semaines entières s'écoulaient, et nul enfant n'était dévoré. Et tandis qu'aux seuls mois de juillet et d'août derniers quinze personnes environ avaient été assaillies, depuis plus de deux mois aucun méfait sérieusement contrôlé n'était annoncé, depuis plus de deux mois l'on n'entendait pas dire que la Bête eût été revue.

La Bête était donc bien morte!

Toutefois ces populations terrifiées n'avaient point, au début, accepté sans méfiance cet avis de leur délivrance : tant de fois on avait proclamé la mort du monstre, et tant de fois le monstre avait reparu!

Pourtant le temps s'écoulait. Cette longue période passée sans désastre finit par affermir la conviction dans l'esprit des plus incrédules, qui crurent fermement à la mort de la Bête.

Bientôt les terreurs se dissipèrent, les craintes disparurent et les esprits se rassérénèrent.

Dès lors, les portes cessèrent d'être barricadées, les piques furent le plus souvent oubliées à la maison; les fusils, de nouveau accrochés au clou, reprirent leur rouille de plus belle, sous l'action pénétrante de l'humidité de l'arrière-saison, et l'on sortit, la nuit venue, comme avant ces temps malheureux.

Les campagnes avaient retrouvé leur physionomie accoutumée : le bétail allait aux champs, les labours se faisaient même à proximité des bois, les hommes et les femmes se rendaient au marché sans inquiétude et l'on ne voyait plus dans leurs mains ces gros bâtons noueux dont auparavant l'on n'osait point se séparer. Bref, la quiétude se réflétait sur tous les visages ; la joie de vivre faisait place à la terreur des jours passés, et suivant l'expression du curé de Lorcières, « chacun croyoit de jouir de la paix et de la tranquillité ».

La Bête était donc bien morte !

Soudain, une rumeur sinistre, rapide comme l'éclair, sillonna l'Auvergne et le Gévaudan : on avait revu la Bête !

Cette triste nouvelle ne trouva d'abord que des sceptiques. Sans doute, il était difficile de croire qu'un lugubre plaisant fût assez osé pour se jouer ainsi du deuil et de l'effroi de ses compatriotes ; mais ne pouvait-on pas avoir été l'objet d'une hallucination, ou la victime d'apparences trompeuses ? On avait eu jusque-là tant d'exemples d'erreurs de ce genre !

Eh bien ! non, ce n'était pas un faux bruit : on avait revu la Bête, la Bête n'était pas morte !

Le 2 décembre, deux enfants avaient été attaqués à la Besseyre-Saint Mary, et il fallut se rendre à l'évidence sur le récit détaillé qu'en fit le curé de la paroisse :

« Deux drôles de ma paroisse, l'un de Hontès-haut,
l'autre de Hontès-bas, celui-là de six à sept ans, et
celui-cy de treize à quatorze gardoient ensemble lundy
dernier, second du courant, les bestiaux de leur maison dans les bruyères de la Margeride non éloignées
de leurs deux villages. Et la Bête, qui n'avoit pas reparu par ici depuis un certain tems, sortit tout à coup
des bois voisins, s'adressa d'abord aux bestiaux et s'en
vint ensuite aux vachers, les attaqua jusqu'à trois
reprises différentes, et à la seconde saisit aux reins le
plus jeune et l'emporta à quelques pas de là, lui déchira ses habits d'une dent, de l'autre le blessa sans danger et l'auroit infailliblement dévoré sans le prompt
secours du plus âgé, qui, avec sa bayonnette au bout
d'un bâton se défendit luy-même et défendit son camarade avec une présence d'esprit et une fermeté de courage qui tiennent du prodige. Après ce triple combat,
soutenu avec tant d'avantage, notre héros invincible
prit par la main l'enfant blessé, alla ramasser les bestiaux que la Bête avoit attaqués à l'alternative et dis-
persés au loin sur la montagne, les ramena dans les
écuries et raconte son aventure avec une précision et
une naïveté qui enchantent. »

« La peinture qu'il fait de l'animal s'accorde assez
bien avec ce qu'on en a dit jusque-là. »

« Il dit d'abord qu'il a bien quelques rapports avec
le loup, mais il ajoute qu'il en est différent dans plusieurs chefs : cet anthropophage ne va que par sauts
et par bonds, faisant trembler la terre dans sa course,

reculant avec tant de légèreté que lorsqu'il avance ; il est beaucoup plus grand qu'un loup, surtout lorsqu'il s'hérisse ; il a des taches comme rouges et noires sur les flancs, le col gros et extrêmement court, le museau camus, la tête plate et une barre noire depuis les épaules jusqu'aux extrémités de la queue dont le bout est d'une grosseur prodigieuse » (1).

Les enfants étaient Vidal Tourneix, le plus jeune, et J. Couret, le plus âgé. Ce rapport est signé par M. Fournier, curé de la Besseyre.

Dans la semaine suivante, deux femmes étaient encore attaquées du côté de Lachamp, et enfin le 21 décembre, Agnès Mourgues, âgée de 12 ans, était dévorée à Lorcières, ainsi qu'on le lira dans la relation plus loin citée de M. Ollier.

Ce curé soutenait toujours que la véritable Bête n'avait point été exterminée.

« Lorcières, ce 28 décembre 1765.

« Je ne sais si l'on vous a donné des nouvelles de l'animal féroce depuis que je n'ai pas eu l'honneur de vous voir, dans ce tems-là je vous assuray qu'il n'étoit pas mort et que ce n'étoit pas un loup. A la vérité, l'on a fait quelques chasses au loup et non à l'animal vorace et féroce qui est véritablement un monstre en sa nature ; l'on a trompé la cour et le peuple en disant que c'est un loup. Samedy prochain, je vous en enverray la description, n'ayant pas le tems de la faire

(1) Archives du Puy-de-Dôme, C. 1738.

12

dans la présente. Comme je vous ai promis de vous instruire des événements fâcheux qui pourroient arriver, il est tems de vous en donner. Ainsy je vous dis que pendant le cours du mois de décembre l'animal a fait souvent des incursions dans ma paroisse, soit dans le voisinage et frontière, de sorte que l'on a publié au peuple, dans plusieurs paroisses de ce canton, de se tenir sur ses gardes par rapport à la Bête féroce, attendu que plusieurs personnes l'ont vue et rencontrée....»

Après le récit de l'attaque des enfants de Hontès, et la mort d'Agnès Mourgues, la lettre finit ainsi :

« .... Ledit jour (22), il retourna dans le même lieu, mais les deux bergers du village de Marcillac et celui de la Fage, voyant le monstre sur une hauteur qui guêtoit une proye dans le vallon, mirent tous leurs chiens contre le monstre, au nombre de 5, le poursuivirent jusque dans les villages de la paroisse de Clavières, dont plusieurs peuples qui sortoient de la messe paroissiale furent saisis de peur en entendant crier de toutes parts : « *A la Bête ! prenez garde à la Bête !* » et disparu en peu de tems....   OLLIER, *curé* » (1).

Est-il besoin d'ajouter qu'en un clin d'œil la consternation, à ces nouvelles navrantes, avait une fois encore rempli cette contrée? L'épouvante était d'autant plus grande que l'on ne voyait plus aucune espérance possible de soulagement après toutes ces fluctuations malheureuses.

(1) *Ibid.*, C. 1738.

L'on se croyait si bien délivré de ce monstre !

D'autre part, la misère pesait toujours sur cette contrée :

« J'espère, Monseigneur, que vous voudrez bien continuer votre charité à l'égard d'une paroisse qui est toute dans la consternation, n'osant pas sortir de chez eux, ce qui les met dans la dernière misère, ne trouvant personne pour garder leurs bestiaux, les collecteurs eux-mêmes ont beaucoup de peine à lever les deniers royaux.... Ainsy je vous prye d'exercer votre charité envers eux, car il y en a qui mourront de faim, bien loin de payer leurs tailles. Vous pourriez écrire ou faire écrire un mot à M. Lavergne de leur épargner cet hiver les garnisons, attendu qu'ils sont hors d'état de les supporter.... » (1).

« Au reste il ne seroit pas nécessaire que Sa Majesté envoya ici des personnes étrangères pour recommencer les chasses, l'on chasse au loup et non à la Bête féroce, vû les dépenses exorbitantes que cela occasionne, les dégâts qui se font dans les prés, il seroit à souhaiter que l'on donnât commission à plusieurs seigneurs des environs qui commanderoient les chasses, comme connaisant mieux le terrein et les lieux où peuvent se réfugier de pareils monstres » (2).

(1) *Ibid.*, C. 1738. Lettre du même à M. d'Ormesson. 3 janvier 1766.

(2) Archiv. du P. de D., C. 1738. Lettre du curé de Lorcières à l'Intendant d'Auvergne. 30 décembre 1765.

M. de Montluc, le 1ᵉʳ janvier 1766, annonce à l'Intendant d'Auvergne les événements arrivés, et lui assure que « pour tout à l'heure, il n'y a plus à douter de l'existence de la Bête féroce ».

Le rapport en est transmis à la Cour, et M. de Saint-Florentin, en conséquence, donne à l'Intendant de nouvelles instructions :

« Il est bien fâcheux, Monsieur, que l'élection de Saint Flour se trouve encore exposée à l'incursion des animaux carnassiers. Je suis très porté à croire, de même que vous, *que ce sont des loups* que la nège et les gelées ont affamés, mais il n'en est pas moins pressant de chercher à arrêter leurs ravages et de calmer les allarmes qu'ils doivent répandre dans tout le canton. Je suis persuadé de toute votre attention à prendre les mesures nécessaires. Je pense qu'il conviendroit surtout d'engager les meilleurs tireurs de Lorcières et des paroisses voisines à se mettre à la poursuite de ces animaux. Je suis persuadé que c'est la voye la plus sûre pour les détruire. Je vous serai obligé de m'instruire exactement de ce que vous aprendrès à ce sujet » (1).

(1) *Ibid.*, C. 1738. Lettre du 18 janvier 1766.

CHAPITRE XVII

Relation du Curé de Lorcières

Le Curé de Lorcières avait rédigé pour le Ministre le récit des accidents survenus dans sa paroisse, et le lui avait fait tenir dans le courant de janvier 1766.

Bien que ce document, un peu trop étudié, rapporte des faits rétrospectifs, il n'est pas sans intérêt de le citer dans sa teneur.

« Relation sincère et exacte des événements fâcheux qui sont arrivés pendant le cours de l'année 1765, par la Bête féroce dans la paroisse de Lorcières (Haute-Auvergne), diocèse et élection de Saint-Flour. »

« Du mois de janvier »

« La Bête Féroce n'a commencé à faire des incursions et des apparitions dans ladite paroisse de Lorcières que dans le commencement du mois de janvier de l'année 1765, et le 22 dudit mois, elle donna des preuves et des marques monstrueuses de sa férocité en dévorant et égorgeant une femme du lieu de Chabanolles, paroisse de Lorcières, village frontière de la paroisse de Julianges, en Gévaudan, diocèse de Mende. Ladite femme, appelée Jeanne Tanavelle, âgée d'environ 25 ans. Elle fut dévorée sur les limites du Gévaudan et de l'Auvergne et cela de la manière la plus cruelle, car selon les traces et le terrain qu'ils tinrent l'un et l'autre, il paroît que cette femme avoit un méchant couteau qu'elle tenoit à la main, se défendit contre le monstre près d'une heure. Enfin, ayant succombé, ladite bête féroce, après lui avoir coupé la tête qu'elle transporta à 200 pas de son corps que l'on trouva le lendemain enfoui dans un champ, elle lui mangea entièrement les mamelles jusqu'à la ceinture et mit tellement en pièces et ses habillements et son linge que l'on fut obligé de l'ensevelir dans son suaire telle qu'elle étoit sans la dépouiller ; la consternation fut grande à son enterrement. Ensuite ladite bête féroce revint sur le soir pour retrouver sa proie, mais ne la retrouvant plus elle poussa des cris et des hurlements pendant le reste de la nuit, que cela consterna tous les habitans du village de Chabanolles qui n'étoient sortis de chez eux qu'avec crainte et tremblement et encore accompagnés de quelqu'un autant qu'ils le pouvoient, et armés de leurs hallebardes, attandu qu'elle ne s'écarte pas beaucoup de quelques soirs dudit village, puisqu'elle parut couchée tout le long d'un terme d'un champ le dimanche 2me dudit mois entre les villages de Chabanolles et de Fayrolettes, où elle donna de la frayeur à plusieurs femmes qui venoient à la messe paroissialle sur les dix heures du matin et à un berger qui s'enfuit bien vite au village de Fayrollette comme étant le lieu le plus proche pour se réfugier et pour se garantir de la férocité du monstre et en même temps pour avertir les habitans afin de la poursuivre ; mais lorsque l'on y fut, son agilité et ses ruses la firent bientôt disparaître. »

« *Du mois de février* »

« Dans ce mois-ci la Bête féroce a fait quantité d'incursions et d'apparitions dans ladite paroisse, c'est quasi sans nombre. Cependant les 16, 17 et 18 il fut chassé aux environs des villages de Marcillac et de la Fage, attendu que chacun se tenoit sur ses gardes, et cela tout le long des bois, sans y entrer du reste ; il ne donna aucune marque dans ladite paroisse de sa malice carnassière pendant ce mois. »

« *Du mois de mars* »

« Dans ledit mois, la Bête féroce fut vivement poursuivie le 29 et le 30 aux environs des bois du village de Fayrollette par quelques habitans et des bouviers, avec fusils et hallebardes mais sans succès, parce que son agilité et sa finesse furent cause qu'ils ne purent l'atteindre et l'abandonnèrent après avoir fait leurs efforts pendant quelque temps. »

« *Du mois d'avril* »

« Ledit monstre parut à plusieurs reprises dans le mois à beaucoup de personnes et cela visiblement, le 13 et le 14 aux environs de la Fage et de Marcillac, mais il ne donna point des marques monstrueuses de sa férocité. »

« *Du mois de may* »

« Depuis tous les événements la Bête féroce a continué de temps en temps de rendre visite à ladite paroisse de Lorcières, et c'est dans ce mois que les chasses ont été fréquentes et conduites toujours avec douceur, sagesse et prudence sous les ordres de M. d'Enneval, écuyer et gentilhomme normand, commis par Sa Majesté pour ces opérations dans ce pays-ci; de sorte que le 19 may qui étoit un dimanche, une chasse nombreuse et extraordinaire fut commandée dans les environs de plusieurs paroisses du Gévaudan et de l'Auvergne : Paulhac, Saint-Privat du-Fau, Julianges, la ville de Malzieu, Lorcières, etc.

« Cependant la Bête féroce étant poursuivie vivement ce jour-là ne sortit pas de la semaine de ces cantons et des lieux circonvoisins, car le 24 elle donna des preuves de sa malice et de sa férocité ; non seulement elle occasionna la mort d'une fille du lieu et paroisse de Saint-Privat du Fau, qu'elle n'eut pas le temps de dévorer parce qu'elle fut secourue, mais elle fut tellement blessée par ledit monstre à la jugulaire, qu'elle mourut deux jours après, la Bête féroce ne fut pas contente ce jour là de cette opération, continuant sa route et son chemin elle se trouva dans un commun champêtre où d'ordinaire l'on garde des bestiaux, aux appartenances du village du Mazet, paroisse de Julianges en Gévaudan et frontière du village de la Fage, paroisse de Saint-Juéry en Auvergne, elle y dévora une fille de l'âge de 15 ans, le même jour, sur les deux heures de l'après-midi, elle se trouva en Auvergne dans un commun de la dépendance du village de Marcillac, paroisse de Lorcières, où s'étant cachée et couchée dans un genévrier épais pour examiner sa proie, elle sauta en bondissant tout d'un coup sur une jeune fille nommée Marguerite Bony, âgée d'environ 18 ans, qui gardoit des bestiaux, la jeta par terre par deux reprises, lui ôta sa coiffe et son mouchoir du col, mais heureusement pour elle, elle étoit accompagnée d'un jeune garçon nommé Pierre Tanavelle, âgé d'environ 16 ans qui vouloit venger la mort de sa tante que ladite Bête féroce avoit dévorée impitoyablement au lieu de Chabanolles, fut sur elle avec un courage intrépide pour défendre la jeune fille attaquée, lui enfonça trois coups de sa petite halle-barde qui fut pleine du sang qui en découloit, et montra audit sieur d'Enneval le père qui admira et son cou-rage et son raisonnement. Enfin, la Bête féroce voyant qu'elle ne pouvoit avoir sa proie se vengea sur la coiffe et le mouchoir qu'elle mit en pièces avant que d'abandonner le combat, mais ce qui est à remarquer dans une action si héroïque, de la part de ce jeune homme, c'est que ledit Pierre Tanavelle qui avoit dé-fendu cette jeune fille vigoureusement, et avec un grand courage, a été sans récompense. »

« *Du mois de Juin* »

« Dans ce mois les chasses ont été presque conti-nuelles, nombreuses et toujours commandées par ordre de M. d'Enneval, commis par Sa Majesté, ainsi, le 16 dudit mois qui étoit un dimanche fut donc commandée une chasse extraordinaire, tous les habitants s'y rendirent avec zèle, et dans le temps du fort de la chasse deux pêcheurs firent sortir la Bête féroce d'un blé, elle fut tellement épouvantée par le nombre infini des peuples qui sur le midi sortoient de la messe paroissialle qu'elle passa sur un commun qui est entre les deux villages de Fayrolettes et de Pléaux, ma paroisse. Elle rencontra une chèvre sur ses pas à qui elle donna un coup de griffe, la blessa et la jeta par terre sans lui faire autre mal, ensuite elle vint à une croix qui n'est pas éloignée du chef-lieu de ces villages, passa rapidement au milieu de plusieurs femmes et filles sans les attaquer, et cela avec une si grande légèreté qu'elles n'eurent pas le temps de l'examiner si fort elles furent toutes saisies de peur, de là elle se retira dans les bois du lieu de Lorcières et à son passage une fille qui gardoit là des bestiaux lui jeta des pierres, plusieurs habitants la poursuivirent avec moi, mais sans progrès, elle nous disparu bientôt. »

« Du mois de Juillet »

« Dans le présent mois il paroît que la Bête vorace et féroce est acharnée contre ladite paroisse de Lorcières et ne l'abandonne guère, continuant toujours ses incursions et ses opérations cruelles, puisque le 4 dudit mois elle a voulu encore donner des marques monstrueuses de sa malice carnassière en dévorant une femme nommée Marguerite Oustallier âgée d'environ 68 ans qui gardoit ses bestiaux proches des bois de Broussolles son village, ma paroisse, la prit par derrière étant assise sur une petite muraille filant sa quenouille, la traîna par terre, lui déchira la peau d'une joue et lui fit deux grands trous au col proche la jugulaire, comme voulant la lui couper, mais les bruits que faisoient ceux qui gardoient des bestiaux l'épouvantèrent si fort qu'elle abandonna sa proye sans en manger. Le lendemain elle reparut encore dans lesdits bois en tirant du côté des villages de Chalelles et Pléaux, toûjours de ma paroisse, ensuite elle passa tout le long de l'Achamp qui est une chaîne de collines qui sépare le Gévaudan d'avec l'Auvergne. De là elle passa aux environ du village de Chabanolles, frontière du Gévaudan, et se rendit au village de la Fage, dernier village de la paroisse de Lorcières, sur la montagne de Margeride, où des laboureurs la virent passer assez lentement, et gagna du côté de la paroisse de Paulhac en Gévaudan, et se rendit à un lieu champêtre nommé la Chapelle de Notre-Dame de Beaulieu. »

« Enfin, le 24 dudit mois, elle se montra encore dans un pastural aux environs de Chabanolles où Marguerite Soulier âgée d'environ 27 ans, y gardant des bestiaux, la vit venir de loin et sa curiosité la porta à aller au-devant d'elle pour la voir de plus près, mais la Bête féroce fondoit sur elle si Etienne Migné qui fauchoit un pré n'eut empêché le combat et le carnage. Ainsi la Bête féroce qui est extrêmement rusée et fine, abandonna la partie, et fila sa route et son chemin. »

« *Du mois d'aoust* »

« Dans ce mois, cet animal monstrueux ayant tant d'attraits pour ladite paroisse de Lorcières qu'elle se trouva le 6 dudit mois à un lieu sur la montagne de Margeride nommé le ruisseau de Gorguière, où sont les communs du village de Marcillac paroisse de Lorcières, deux enfants y gardoient les bestiaux, l'un nommé Guillaume Lèbre, et l'autre Etienne Crozatier, le premier âgé d'environ 18 ans, l'autre d'environ 16 ans, tous les deux avec leurs hallebardes, et l'un d'eux avoit planté la sienne en terre et avoit quitté ses habits à cause de la chaleur de ce jour, voyant venir le monstre de loin, faisant des sauts, ils s'alarmèrent, les bestiaux se mirent en déroute et se serrèrent comme pour les défendre et les chiens du troupeau qui n'étoient pas absolument éloignés d'eux aboyèrent à leurs cris si fort que la Bête féroce ne put les rejoindre, mais la remarque qu'ils firent tous les deux, c'est que ladite Bête féroce alla flairer leurs habillements qui étoient sur l'hallebarde qu'un d'eux avoit plantée en terre et vit aussitôt qu'elle alloit manger leur pain dans la poche, elle fila ensuite son chemin. Le lendemain, septième dudit mois, elle passe à Lachamp proche du village de Chabanolles, toujours paroisse de Lorcières où Pierre Cellier et sa femme s'en alloient pour moissonner leurs pauvres petites récoltes, après avoir travaillé quelques tems, la femme voulut se détacher pour aller chercher le repas de son mary, à peine eut-elle fait quelques pas qu'elle vit venir la Bête féroce venant à elle, mais jetant les hauts cris son mary vint à son secours aussy bien que plusieurs autres personnes, qui par ce moyen ôtèrent la proye à la Bête féroce qui continua sa route. Le 20 dudit mois elle a fait plusieurs apparitions audit village sur les frontières du Gévaudan où elle fut quelque tems poursuivie par M. Boulanger fermier de ladite paroisse, et avec plusieurs autres habitants mais sans succès, attandu que sa course rapide la fit bientôt disparaître. »

« Du mois de septembre »

« Le 4 de ce mois entre 7 et 8 heures du matin, la Bête féroce se fit voir publiquement au terroir des villages des appartenances de ma paroisse cy-après nommés, Broussolles, Chalelles, Pléaux et Fayrollettes, elle passa dans un champ appelé la Guerre où Ysabeau Paschal, fille âgée de 18 ans y ramassoit des lentilles ; voyant venir la Bête féroce, elle monta sur un char que l'on y avoit amené pour charger les récoltes, afin de se garantir d'être dévorée attendu que la Bête féroce passa à 50 pas d'elle, mais les cris que l'on poussoit de toutes parts, tant par les habitants des villages cy énoncés, que par des bouviers et des domestiques furent cause que l'animal féroce ne s'arrêta pas et fila vite son chemin ordinaire du côté du Gévaudan, et se rendit à la paroisse de Paulhac où elle attaqua une fille qui fut secourue sur le champ par un laboureur, mais ladite Bête vorace continua ses incursions, et le 9 dudit mois elle dévora une jeune fille âgée de 12 ans dans la paroisse de Paulhac, en Gévaudan, et le 26, 27 et 28 elle se trouva dans ma paroisse et fut vivement poursuivie par les habitants du village de Marcillac où elle attaqua un homme qui gardoit des bestiaux, mais sans progrès parce qu'il fut secouru. »

« Du mois d'octobre »

« Dans ledit mois cet animal passe sur la frontière proche du village de Chabanolles où une fille dudit lieu, accompagnée de plusieurs autres gardant toutes des bestiaux, eut tellement peur de la bête qu'elle vit de loin qu'elle tomba évanouie, et le 21 dudit mois elle se trouva aux appartenances du village de Marcillac où un homme dudit lieu étoit allé voir ses prés pour y faucher du regain deux heures avant le jour, au clair de la lune, à cause des pluyes continuelles qu'il faisoit pendant le jour, il n'eut pas plutost fait un rang de regain que la Bête féroce se trouva là, luy sauta dessus par derrière lorsqu'il se baissoit pour le travail et faire son ouvrage, il se défendit constamment avec sa faulx, et cria au secours étant proche de son village et il ne fut pas plutost chez luy que la frayeur et la peur du monstre se saisyrent tellement de luy qu'il demeura évanoui pendant deux heures sans connaissance et sans parole. »

« Ensuite, le même jour, sur les deux heures après midy, elle passa dans un pré auxdites appartenances où deux enfants qui gardoient les bestiaux la virent passer rapidement sans s'arrêter et se réfugia dans un précipice où il y a un bois de fau (*hêtre*) appartenant aux villages de Chabanolles et de Fayrollettes. Ensuite elle a disparu sans aucun progrès. »

« *Du mois de novembre* »

« Dans ce mois-cy, voyant que la Bête féroce s'étoit retirée de lad. paroisse n'y faisant plus d'incursions ny ne donnant plus de marques de sa férocité, chacun croyoit de jouir de la paix et de la tranquillité, mais le calme dont nous prétendions jouir n'a pas duré longtemps comme vous l'allez voir dans le dernier mois de cette année. »

« *Du mois de décembre* »

« Le 3 de ce mois, la Bête féroce se retrouva et se fit sentir malheureusement pour ce païs-cy qui est plein de misère, vu qu'elle attaqua impitoyablement deux enfans gardans des bestiaux dans les communs de la paroisse de la Besseyre-St-Mary, qui se défendirent l'un et l'autre pendant quelque tems contre le monstre, et heureusement pour eux ils eurent du secours sans quoi un d'eux auroit péri, mais cela n'empescha pas qu'il y en eut un qui fut tellement blessé que l'on a été obligé de l'envoyer à un hôpital de la ville la plus prochaine pour le faire panser des bles-

sures que le monstre lui a faites en plusieurs parties
de son corps, ensuite la semaine suivante ledit monstre
attaqua deux femmes d'une paroisse voisine au-dessus
de Lachamp, proche des bois de ma paroisse, mais
heureusement pour elles il se trouva par hazard un
homme d'une paroisse voisine qui allant couper du
bois avec une hache les défendit, sans quoy une des
deux auroit peut estre péri, attandu que le monstre
s'étoit déjà dressé pour sauter sur une des deux, mais
voyant de la résistance il fila son chemin sans progrès
et sans satisfaire sa voracité. Cependant il demeura
pas longtemps à la satisfaire, car le 21 dud. mois, jour
de St Thomas apostre, il donna des preuves et des
marques monstrueuses de sa voracité et de sa férocité
en dévorant et égorgeant d'une manière cruelle et
impitoyable, entre onze heures et midy, une jeune fille
nommée Agnès Mourgue, âgée d'environ 12 ans, qui
gardoit les bestiaux dans les communs d'un village de
ma paroisse ; ainsi la Bête féroce, après avoir com-
battu avec elle et s'étant défendue avec des pierres et
ayant succombé, luy coupa la teste qu'elle transporta
à six pas de son corps, le traîna pour en manger tout
le col, les épaules, le devant des mammelles, le mollet
d'une jambe, après luy avoir tiré ses bas avec ses griffes des pattes de devant, et quelques ouvertures au
bas ventre, de sorte que quelques personnes qui gardoient des bestiaux un peu éloignés de là, voyant des
bestiaux en déroute, y accoururent sur les lieux, et ils
virent l'enfant dévorée, et lorsque l'on fut pour faire

l'enterrement, l'on trouva que le monstre avoit tellement mis en pièces et son corps et ses habillemens
qu'elle étoit comme si elle venoit de naître. Elle fut
portée dimanche 22 dudit mois dans l'église à la messe
paroissiale pour estre ensevelie ; la consternation fut
si grande que la plupart des assistants fondoient en
larmes à la vue de ce spectacle. Ce maudit animal n'a
pas cessé de faire des incursions dans ma paroisse, et
quantité de mes paroissiens l'ont vue presque tous les
jours depuis quinze jours. Voilà les événemens fâcheux
qui sont arrivés pendant le cours de l'année mil sept
cens soixante-cinq dans ma paroisse. »

« Je soussigné, prestre, chanoine régulier de la
Congrégation de France dite de Ste-Geneviève, et curé
de St-Sébastien de Lorcières, Haute-Auvergne, diocèse
de Saint-Flour, certifie à qui il appartiendra que la
présente relation des faits arrivés soit par le rapport
fidèle de mes paroissiens, soit ceux que j'ai vus de mes
propres yeux, soit par les personnes dévorées que j'ay
enterrées, contiennent toute vérité, à laquelle on peut
ajouter foy. En foy de ce ay signé à Lorcières ce
trois janvier mil sept cens soixante-six. »

« OLLIER, »
« Chanoine régulier, curé de Lorcières » (1).

(1) Arch. du P.-de-D., C. 1738.

CHAPITRE XVIII

Le portrait et le pied de la Bête d'après le Curé de Lorcières

Ce prêtre avait la plume facile : Ne s'était-il pas avisé d'envoyer également au ministre la description de la Bête féroce qui causait tant de ravages :

« DESCRIPTION DE L'ANTHROPOPHAGE OU DE L'ANIMAL FÉROCE QUI DÉSOLE ET RAVAGE LE PAYS DES FRONTIÈRES DU GÉVAUDAN ET D'AUVERGNE QUE L'ON CARACTÉRISE DE MONSTRE EN SA NATURE. »

« L'animal féroce et vorace a un corps allongé, et par conséquent deux fois plus long qu'un loup ordinaire et beaucoup plus haut. Il est bas des pieds de devant qui sont forts et ses pattes sont extrêmement larges et armées de griffes redoutables dont l'empreinte sur la terre molle ou sur la neige s'enfonce de la longueur d'un doigt. La teste est fort grosse et le front large ; elle va en diminuant, finissant en museau, la gueule énorme quasi

Selon cette description l'on a tort de caractériser la Bête féroce d'un loup vû qu'il ne s'est jamais approché des parcs aux brebis pendant l'été.

Les paysans de ce païs sont accoutumés à voir des loups et les connoissent parfaitement bien.

toujours ouverte avec des dents si meur-
trières et si tranchantes qu'elles séparent
en peu de tems la teste d'une personne,
en un mot coupantes comme des rasoirs.
Les oreilles sont extrêmement courtes,
mais droites et relevées, les yeux sont
étincellants qui inspirent de la frayeur,
le poitrail beaucoup large, quasy comme
celui d'un cheval, de différentes couleurs,
les pieds de derrière plus hauts que ceux
de devant, sans griffes ne donnant presque d'empreinte, si ce n'est comme une
espèce de talon, les côtés du corps sont
rougeâtres, le dessous du ventre blanc,
le dos de couleur noirâtre avec une raye
noire tout le long du dos, la queue longue, fournie et retroussée ; il est d'une
agilité et d'une vitesse extrême, il est fin
et rusé, faisant la distinction du sexe
dont il est amoureux pour le détruire ; il
ne séjourne jamais dans les bois, mais y
passe lorsqu'il est poursuivi, il se cache
ordinairement dans les communs et les
pâturaux sous des genêts ou genêvriers
et lève sa teste pour examiner sa proye
et y saute dessus en bondissant ; il est
encore si fin et si rusé comme l'on l'a
remarqué il n'y a pas longtemps, qu'il
s'assit sur son cû sur le haut de quelque

roche ou quelque élévation pour examiner ce qui se passe dans les vallons, communs et pasturaux, et lorsqu'il veut s'approcher de sa proye, il va ventre à terre en rampant comme un serpent, il a la peau fort dure, le poil long et luisant. Voilà à peu près la description de cet animal féroce ou plutôt de ce monstre cruel selon l'aveu de plusieurs personnes différentes qui l'ont vu, examiné et qui en ont été attaqués ; quantité d'habitants de ma paroisse en ont été victime par des maladies mortelles qu'il leur a occasionnées. Enfin si le portrait qu'en a fait faire M. d'Enneval à Mende a été envoyé en Cour, la figure en avoit beaucoup de ressemblance. »

Plusieurs l'ont blessée et l'on a remarqué que les balles couloient sur son corps.

Il a été souvent blessé avec des hallebardes et l'on a vu même les traces de sang.

L'instinct de ce monstre, qui prouve que ce n'est pas un loup, c'est, lorsqu'il a été blessé jusqu'au sang, l'on l'a vu se rouler sur le sable ou sur la terre et se jeter ensuite dans l'eau, pour se guérir de ses blessures.

« Selon cette description, l'on ne peut pas prouver que cet animal vorace et féroce, ou plutôt ce monstre cruel soit un loup » (1).

Toutes ces lettres, ces relations multiples et ces descriptions qui passaient d'abord par-dessus sa tête et lui étaient ensuite retournées par le Ministre, pesaient comme un lourd cauchemar sur M. de Montluc.

(1) Arch. du P. de D. C. 1738.

Aussi celui ci se plaint-il, en termes **amers**, du curé de Lorcières :

« C'est un écrivin perpétuel. . . . .

. . . . . . la relation que ce prieur fait des apparitions et dégâts de la Beste féroce dans sa paroisse est aussi exacte que la description qu'il donne du monstre est ridicule. ... Ce n'est certainement pas un loup, tous les habitants qui l'ont vu l'affirment et ils sont à portée de les connoître, ils en voient souvent sortir des bois de la Margeride dont ils sont riverains, et ils ajoutent qu'ils l'ont entendue souvant la nuit faire des cris effroyables surtout dans le tems où il avoit fait quelque meurtre, tout différants de l'hurlement du loup et qui imitoient plus tôt le hanissement du cheval » (1).

Le curé de Lorcières se plaint à son tour des reproches que lui a faits M. de Montluc d'avoir envoyé au Ministre une relation des accidents survenus dans sa paroisse : Les termes de la lettre de M. de Montluc ne conviennent, dit il, ni à son âge, ni à son état, ni à son caractère. M. Ollier a pensé bien faire de demander directement des secours pour sa malheureuse paroisse, « comme nous sommes très mécontents des dernières chasses, il étoit essentiel de détromper la Cour par différents endroits, et dans une occasion où tout le peuple de ces environs en est réduit à la dernière misère, ayant perdu une partie de leurs récoltes et de leurs foins pour aller à des chasses fatigantes et

(1) *Ibid*. C. 1738.

mal entendues. La paroisse contient 460 communiants et paie 6.000 livres à Sa Majesté, sans comprendre le vingtième. Jugez de la misère dans le temps et le siècle où nous sommes » (1).

Enfin, le 18 février, le même curé en adressant à l'Intendant le récit de l'attaque de Jeanne Delmas, du moulin de Badouille, joint à sa lettre la longueur de l'empreinte des pieds du monstre. Sur une bande de papier de la largeur de la figure ci-jointe et d'une lon-gueur de seize centimètres, se lit l'inscription que nous reproduisons exactement (2).

Une telle longueur de pied nous laisse rêveur et même un peu.... sceptique. Le pied du grand loup tué précédemment ne mesurait que 76 millimètres.

Le curé de Lorcières n'aurait-il pas pris ses me-sures sur une passée où l'animal avait glissé ?

Il est difficile de concevoir un pied semblable, et les fauves qui furent tués plus tard n'en possédaient point d'aussi long. Si l'on rapproche de cette assertion celle de M. Denneval qui assurait que l'une des passées de la Bête en plat pays mesurait 28 pieds — un peu plus de neuf mètres — on ne peut s'empêcher de re-connaître que l'on a raconté sur ces animaux féroces des choses vraiment bien extraordinaires.

(1 et 2) Arch. du P.-de-D., C. 1738.

Longueur de l'empreinte du pied du monstre ————————————

————————— *quod vidi testor* —————————

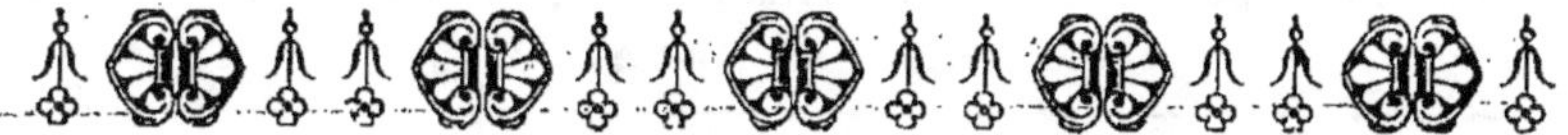

CHAPITRE XIX

1766

L'évidence en était manifeste, ces populations ne voulaient pas chez elles de chasseurs étrangers, dont la présence pesait lourdement sur ces campagnes appauvries et ajoutait encore aux misères du jour. Les consuls de Saint-Flour, et après eux M. de Morangiès, l'avaient fait entendre, et le prieur de Lorcières s'en était clairement expliqué au Ministre lui-même.

En face de cette répugnance, M. de Saint Florentin avait été d'avis, on l'a déjà vu, que l'on s'en tînt au moyen plus simple et moins dispendieux qu'il indiquait. Des chasses particulières s'étaient organisées, dont M. d'Apchier prenait le plus souvent la direction ; les meilleurs tireurs et les plus ardents chasseurs s'étaient enrôlés sous ses ordres. Tous ceux qui portaient un fusil se levèrent, les uns pour venger leurs parents dévorés, les autres pour délivrer leur pays, et vinrent tenter de déloger et mettre à mort les fauves redoutés.

Et aux jours où le temps s'y prêtait, aux heures où les récoltes leur en laissaient la liberté, ces bandes de chasseurs fouillaient les bois et les taillis, exploraient les cavernes et les carrières de difficile accès, et se transportaient en un clin d'œil partout où le monstre était signalé. Durant une année tout entière, — de longs mois d'angoisse et de tristesse, au milieu de péripéties émouvantes, de terribles anxiétés et d'espérances déçues, — se déroula sur ces cîmes désolées une lutte épique entre ces tenaces montagnards et cette bête infernale.

Oh! combien elle parut longue à tous, cette année douloureuse!

Combien longue aux chasseurs, si fréquemment sur pied, si fréquemment aux aguets!

Combien longue aux pauvres parents dont les nuits étaient hantées de pénibles cauchemars, et qui craignaient à chaque heure de voir à un deuil récent se joindre un deuil nouveau!

Personne n'avait été mis officiellement à la tête des chasses; les relations des accidents survenus adressées soit aux Intendants, soit à la Cour, étaient donc plus rares, par suite cette pénurie de documents rend plus difficile l'histoire de cette période.

'Le 14 février, le monstre s'attaque à Jeanne Delmas, du moulin de Badouille, paroisse de Lorcières.

Cette femme cassait la glace avec un hoyau, lorsqu'elle vit le monstre se dresser pour se jeter sur elle. Le hoyau para les premiers coups et arrêta les premiers assauts, mais après quelques instants de lutte acharnée, la Bête, sautant sur sa victime, lui fit trois ouvertures à la jugulaire et une à la joue droite où le pouce entrait aisément, blessures très dangereuses que le prieur de Lorcières avait pansées lui-même en attendant le secours d'un homme de l'art. Cela fait, elle avait pris la fuite.

Le 4 mars, elle dévore un enfant à Servières, près Saugues (1), et le 14, une jeune fille au Liconès (2).

Elle espaçait ses méfaits, mais procédait avec sûreté.

Un mois après, on la retrouve à Clavières, en Auvergne :

« 17 avril 1766. »

« Nous soussignés, de la paroisse de Clavières, diocèse de Saint-Flour, certifions à tous ceux qu'il appartiendra que le dix-sept avril de la présente année 1766, la Bête prit, à quelques cents pas du domaine de la Pauze, susdite paroisse, Marguerite Lèbre, âgée de six ans et huit mois, et l'emporta jusqu'à l'entrée du bois de Montmoussier, distant de l'endroit où elle l'avoit prise de plus de 500 toises, et que là Jean et autre Jean Lèbre, grand-père et grand-oncle, Estienne et Jacques Lèbre, père et oncle de ladite Marguerite, Jean Rolland et Pierre Bony, son bouvier, de Machox, qui la suivoient tous à vuë, ayant couru aux premiers

(1) « Le 4me mars 1766 est décedé ayant été égorgé par la Bête féroce, Jean Bergougnoux, âgé de neuf ans, fils légitime à Jean et à Anne Monteil, de la Vaissaire, restant pour fermiers au domaine de Montchauvet, de M. de Chastel de Servières. COMBEUIL, *curé*. » (Regist. de Servières. Archiv. municip. de Saugues.)

(2) « Le 14 mars 1766, Marie Bompard, du lieu de Liconès, paroisse de St-Privat du Fau, âgée d'environ huit ans, a été dévorée par la Bête féroce, et inhumée le 15 du même mois. CHALEIL, *prieur*. » (Greffe de Riom.)

crits que fit Ysabeau Lèbre, sa sœur, qui n'a encore que dix ans et qui étoit avec elle lorsque la bette luy sauta dessus, la trouvèrent n'étant pas encore morte, ayant la lèvre de dessous avec la joüe gauche emportée, les peaux du crâne enlevées et le crâne lui-même fort endomagé, tous ses habits quoyque neufs presque en lambeaux, sans sabeaux et sans bas, avec une légère blessure sur les reins, telle que plusieurs des soussignés l'ont trouvée eux-mêmes l'ayant examinée quelque temps après mais déjà morte. Et nous ont déclaré les susnommés . . . . qu'elle est d'une grandeur plus qu'ordinaire à celle des loups, fort épaisse par-devant, mais assez étroite sur le derrière, une tête fort grosse et plate, rougeâtre sur les côtés, principallement aux cuisses, raye noire sur le dos, et la queue fort longue qui leur parut encore être noire. »

« Fait à Clavières le 23 avril 1766. GIBERGUE, *curé,* LÈBRE, ROLLAND, HUGON, JOANNY, CHASTANIER, VINIAL, MARTIN, LÈBRE » (1).

Le monstre n'était point seul.

. . . . . . « La Bête a reparu du depuis, entr'autres lundy dernier sur ma paroisse, et au vu de bien du monde qui la poursuivirent plus de deux heures, mais s'il en faut croire ceux qui l'approchèrent de bien

(1) *Ibid.,* C. 1738. On lit, à la suite, l'acte de décès de la susdite Marguerite Lèbre, morte des blessures que lui avait faites la Bête.

près, ce n'est pas celle qui parut à la Pauze, elle est beaucoup plus petite, museau fort court, oreilles d'un chien-loup mais pendantes, poil fort long, surtout sous le ventre, rougeâtre aux cuisses, la queue fort garnie et longue, mais repliée en plusieurs tours en façon da retorte, et la démarche d'un sanglier. Les mâtins la culbutèrent d'abord et lui firent du sang à la jambe droite, mais elle les reçut si bien qu'il ne leur fut plus possible de la leur faire attraper une deuxième fois. Le Bête auroit-elle produit ou en seroit-ce une autre d'une espèce différente? c'est ce qui me reste à sçavoir. On vient de me dire qu'avant-hier elle attaqua au Mignal l'aide du berger, et le mardi parut à Cheyliaguet ».

« A Clavières, 26 avril.   GIBERGUE, *curé* » (1).

« 31 mai 1766. »

« M. Jean Teissèdre, métayer au domaine de Bussat, paroisse de Pinols, à deux lieues de cette ville, vient de me dire que la Bête avoit dévoré aujourd'huy à midy un de ses fils âgé de dix à onze ans, gardant les bestiaux dans les bois de la Sagnette, situés au même lieu de Bussat, au pied de la Margeride, et qu'on n'a-voit trouvé de restes de cet enfant seulement que les vêtements en lembot (lambeaux) et qu'on avoit remar-qué au col de la chemise l'empreinte des dents de la Bête, ce qui fait présumer, comme on l'a toujours dit, qu'elle commence à saisir par le col. J'ay ouï dire dans différents tems que depuis le départ de M. Antoine

(1) *Ibid.*, C. 1738.

cette Bête avoit attaqué et dévoré plusieurs enfants, mais comme les malheurs sont arrivés dans les paroisses de Clavières et de Lorcières, département de M. de Montluc, j'imagine qu'il a eu l'honneur de vous en instruire. »

« Langeac, 31 mai.   BOISSIEU (1).

Ce Teissèdre jouait vraiment de malheur. On a vu comment, une première fois, son fils, attaqué par le monstre, put être défendu à temps et sauvé de la mort. A sa seconde tentative, la Bête avait réussi à dévorer enfin celui qu'elle attaquait.

Son apparition est encore signalée au mois de juin.

« J'ai eu l'honneur de vous instruire par le dernier courrier que la Bête féroce avoit dévoré un enfant du métayer de Bussat (2), elle a de nouveau attaqué hier une fille de dix ans derrière sa maison, au village de Lescoussouze, paroisse de Dège, à une lieue et demy d'icy ; elle entraina cet enfant dans un pré voisin et où il eût été dévoré sans le chien du vilage qui courut sur la Bête et lui fit quitter prise, elle avoit déjà déshabillé l'enfant et blessé grièvement derrière la tête au col et luy a arraché l'oreille droite, un chirurgien d'icy qui a été pour le penser raportera plus positivement l'état de l'enfant ainsi que la nature des blessures. . . . »

« Langeac, le 4 juin.   BOISSIEU » (3).

(1) Lettre à l'Intendant d'Auvergne. *Ibid.*, C. 1738.
(2) On lit *Buffat* dans ce document.
(3) *Ibid.*, C. 1738. Lettre à l'Intendant d'Auvergne.

La Bête ne fait plus parler d'elle jusqu'à la fin du mois d'août.

Etait-ce bien là le même monstre qui avait fait précédemment tant de ravages ?

Quelle que fût sur ce point l'opinion du curé de Lorcières, il était incontestable que ses attaques étaient plus rares, sa manière de procéder différente, son audace moins grande.

Il ne s'en prenait point aux hommes faits, mais bien aux enfants, aux femmes tout au plus, et seulement quand il trouvait une occasion propice lui offrant une sûre impunité.

Et tandis qu'au cours de 1765, avant le 21 septembre, on comptait une moyenne de quatre ou cinq victimes attaquées ou dévorées à chaque mois, depuis le mois de décembre de cette même année et dans l'année suivante, des semaines s'écoulent d'abord sans méfaits, et dans la suite les attaques deviennent plus rares et plus largement espacées.

Bien plus, du 4 juin à la fin du mois d'août de longs jours se passent sans apporter leur triste contingent à cette liste néfaste d'humains jugulés par un fauve infernal.

Cette rémittence et cette diminution constatées dans les exploits sanguinaires des loups, cette manière différente de procéder, ne démontreraient-elles pas que l'animal tué par M. Antoine était l'une « des bêtes « qui dévoraient le monde ».

Et ne se trouvait-on pas maintenant en présence

de quelque congénère du grand loup, de quelque louveteau, son rejeton, à qui les dents avaient poussé, à qui la férocité était venue, et qui allait, devenu plus grand, donner l'année suivante des marques indiscutables d'une incroyable voracité?

M. Antoine croyait bien et affirmait en conséquence que l'un des louveteaux poursuivis — de ceux qui étaient déjà plus grands que leur mère — était allé mourir dans une carrière inaccessible. Mais on ne sait jamais d'un loup qui pénètre dans une carrière, quelques blessures qu'il ait reçues, s'il y va pour abriter sa tête ou pour cacher sa mort, et toute assertion sur ce point n'est pas exempte de témérité.

Et là-bas, à Paris, que devait-il penser, M. Antoine, de ce certificat qu'il s'était fait donner pour constater qu'en Gévaudan, depuis le grand loup tué par lui, aucun autre désastre n'avait affligé cette contrée?

Du mois d'août jusqu'à la fin de l'année la Bête dévore encore, le 28, une fille de 13 ans au village d'Auvert; le 13 septembre, Pierre Cellier à la ferme des Broussons, près Paulhac, et enfin le 1er novembre, Jean Pierre Ollier, âgé de 12 ans, à la Soucheyre, paroisse de la Besseyre-Saint-Mary.

CHAPITRE XX

Le 19 juin 1767

Puis vint l'année 1767.

Qu'allait-elle apporter dans son mystérieux avenir ? Verrait-elle enfin la destruction de la Bête ?

L'on ne pouvait tirer aucun présage de ses débuts : chacun vivait dans les transes, chacun se tenait sur ses gardes, bien que le monstre ne fît point parler de lui en ce moment. Une assez longue période d'accalmie s'écoula du mois de janvier, aux premiers jours du printemps.

Mais alors, et comme pour tirer compensation, ce fut dans le cours de deux mois environ, une recrudescence inouïe de désastres nouveaux.

« Dans le printemps de 1767, dit l'abbé Trocellier, « cette cruelle Bête fit de nouveaux désordres du côté « de Saint Privat, de Julianges et de Chaliers. On « comptait par douzaines le monde qu'elle dévorait. « MM. les commissaires du diocèse envoyèrent de « nouveaux chasseurs de la ville de Mende. »

L'on ne sait rien, faute de relations officielles de ce que furent les chasses de cette époque, mais par les registres paroissiaux, l'on sait ce que dans ces parages redoutés se déroulèrent de lugubres drames, et ce que furent dévorées de nombreuses victimes.

L'action du monstre, circonscrite dans un étroit rayon, ne s'étend guère que sur cinq paroisses contiguës : la Besseyre-Saint-Mary, Grèzes, Servières de Saugues, Nozeirolles et Saint Privat du Fau. Les difficultés des lieux, et l'isolement des maisons écartées lui assuraient plus qu'ailleurs une proie facile et l'impunité la plus absolue.

Ce n'est, pour ainsi dire, qu'une page douloureuse d'un triste nécrologe qui va passer sous les yeux du lecteur.

La Bête dévore deux enfants à Servières de Saugues : Marie Plantin, le 2 mars, et Joseph Meyronnenc, le 27 mai 1767 (1).

A Grèzes : Anne Blanc, le 13 avril, Louise Paulet, le 17, et Marie Bastide, le 5 mai (2).

(1) « 1767. Second jour de mars. Est décédée ayant été égorgée par la Bête féroce, dans le bois de Segeas, âgée de onze ans, Marie Plantin, du lieu et paroisse de Servières et le 3ᵐᵉ a été inhumée dans le cimetière de ladite église. »
Signé : COMBEUIL, curé.

« L'an 1767, a été dévoré par la Bête cruelle à Sauzon, près du bois de Montchauvet, et le lendemain, 27 may, a été inhumé au cimetière de Servières, Joseph Meyronnenc, du lieu et paroisse de Servières, tombeau de ses prédécesseurs, âgé d'environ quinze ans. . . . »
Signé : COMBEUIL, curé.   (Reg. de Servières.)

(2) « Le 13 avril 1767 a esté dévorée par la Bette féroce et fut inhumée le lendemain au cimetière de cette paroisse, Anne Blanc de Bugeac, présens Barthélemy Barthélemy et Benoît Bret, du lieu de Grèzes, illitérés de ce enquis. »
Signé : Laurens RÉGIS, vicaire.

A la Besseyre : Marie-Anne Pascal, le 29 mars, Jeanne Paulet, le 5 avril, et Marie Denty, le 16 mai (1).

A St-Privat du Fau : Etienne Loubat, le 11 avril (2).

A Nozeirolles, Louise Soulier, le 7 avril, Roze de la Taillère le 29, Catherine Coutarel le 5 mai, et André Hugon le 27.

La férocité bestiale de cet animal maudit s'était singulièrement accrue : treize personnes venaient d'être dévorées en deux mois environ !

« Le 17 avril 1767 a esté inhumée dans le cimetière de cette paroisse Loüise Paulet, fille légitime à feu Jean, laboureur, et à Marie Bouchet, du lieu du Meynial, en cette paroisse, y ayant esté égorgée et en partie dévorée par la Bête féroce, présens au convoi, P. Domezon, son beau-frère et Ant. Montel, soussigné, tous deux laboureurs du Meynial.

Signé : CHAUCHAT, *curé*. MONTEL. »

« Le 5 mai a été enterrée Marie Bastide, agrégée au Tiers-Ordre, du lieu du Mont, en cette paroisse, ayant été égorgée par la Bête féroce, âgée d'environ 48 ans....

CHAUCHAT, *curé*. »   (Reg. de Grèzes Greffe de Riom.)

(1) « Marie-Anne Pascal, de Darnes, fille légitime d'Etienne et d'Antoinette Vaisseyre, âgée d'environ 9 ans, fut dévorée hier par la Bête féroce, et aujourd'hui 29e mars a été inhumée dans le cimetière de cette paroisse....

FOURNIER, *curé*. »

« Jeanne Paulet, du lieu de la Besseyre, fille de Jean et de Marie Guy, âgée d'environ 15 ans, fut dévorée hier par la Bête féroce et a été ensevelie aujourd'hui 5 avril 1767....

AUZOLLES, *desservant*. »

« Marie Denty, de Sept-Sols, âgée d'environ 12 ans, fut dévorée par la Bête féroce, le 16 mai 1767 et a été inhumée le 17 du susdit mois en présence de Jean et Pierre Chastel qui ont signé.

AUZOLLES, *desservant*. CHASTEL, P. CHASTEL. »

(2) Le 11 du mois d'avril 1767, a été inhumé Etienne Loubat, âgé d'environ 9 ans, dévoré par la Bête féroce....

CHALEIL, *prieur*. »

(*Archiv. du Greffe de Riom.*)

Est-ce que cette série de malheurs allait continuer ? Qu'allaient donc devenir ces populations
affolées ?

Et comme les chasses, abandonnées à l'initiative
privée ne donnaient ni ne promettaient le résultat
désiré, il fallut recourir à d'autres moyens.

Le Ministre avait envoyé aux Intendants d'Auvergne et de Languedoc plusieurs méthodes d'empoison-
nement pour être mises à l'essai, ce fut ce procédé que
l on adopta pour tenter de se défaire de la Bête.

Parmi ces méthodes, les unes étaient simples, les
autres compliquées.

Un imprimé (sans nom d'imprimeur), des Archives
du Puy-de-Dôme (C. 1739) est ainsi libellé :

« Secret pour empoisonner les loups sans aucun
risque pour tout autre animal. »

« Tués un chien, les plus gros sont les meilleurs,
pendant qu'il sera chaud faites lui plusieurs ouvertures
dans les chairs comme au Rable, cuisses et épaules,
mettez dans chaque ouverture de la noix vomique râpée
tout récemment de la grosseur d'environ une petite
noix, bouchés le trou avec quelque mauvaise graisse
ou viandes afin que que la noix vomique ne sorte
pas. »

« Attachez le chien par les quatre jambes avec un
lien d'ozier et non avec de la corde, mettez le dans un
fumier de cheval pendant quatre ou cinq jours en
Hyver, et pendant vingt-quatre heures seulement en
été, faites traîner l'animal à quelque distance de l'en-

droit où vous voudrez l'exposer, qui doit être où les loups fréquentent le plus, comme le long des rivières, Torrents, Etangs, Bois et Montagnes. »

« Vous observés de planter en terre à deux pieds au moins de profondeur un piquet de deux ou trois pieds de haut où vous passerez les jambes du chien, vous mettrez au-dessus du piquet une traverse de Bois afin que les loups ne puissent pas l'enlever et qu'ils soient obligés de le manger sur place, s'il y a de la neige vous le poursuivrez à la piste et vous le trouverez crevés à quelque distance de là. »

« Il faut avoir une Rape d'acier pour râper la noix vomique le même jour que l'on veut s'en servir. »

« En pratiquant ce secret pendant plusieurs années avec le plus grand nombre de chiens qu'il sera possible, (il y en a tant qui ne sont d'aucune utilité !) on parviendra infailliblement à détruire tous les loups du pays. »

« Pour exciter l'émulation du Public à cet égard, on fera payer pour chaque loup empoisonné, la même gratification que l'on paye actuellement pour chaque loup tué. »

« MM. les subdélégués feront aussi fournir gratis la noix vomique à ceux qui ne seront pas en état d'en acheter. »

Un second procédé, aussi souvent employé, consistait à empoisonner des chiens avec de la noix vomique, du verre pilé, de l'oignon de colchique et de l'éponge frite à la poêle, dont on remplissait le corps

de l'animal après en avoir fermé les ouvertures avec
de la fiente de vache. L'appât ainsi préparé était jeté
aux endroits que fréquentaient les loups.

Ce fut pour la race canine une période calamiteuse, tant il est vrai que tout pâtit des fléaux qui
pèsent sur un pays !

Nombre de particuliers tuèrent leurs chiens pour
les exposer aux endroits propices.

Les commissaires du diocèse vinrent eux-mêmes
diriger l'emploi de ce procédé et veiller à la distribu-
tion du poison :

« Etat des endroits où nous avons jeté du poison
en partant de Mende, à l'occasion de la Bête. »

« Premièrement. Le 17 Avril, coucher à Saint-
Alban. »

« Le 18 Avril, nous avons empoisonné quatre
chiens, deux brebis et une fressure de bœuf, pour jeter
le 19, dans le passage qui répond au bois du mont
Vufre (?), du Liconès, de Saint-Privat et les bois de
Fraissenet. »

« Le 20 avril, nous avons empoisonné le bois de
Fraissenet et du Liconès, en tirant jusqu'au bois des
Couffours. »

« Le 21, nous avons empoisonné le bois de Montchauvet et les dépendances de celui de Notre-Dame de
Beaulieu. »

« Le 22, nous avons mis du poison au passage du
Ménial, la Griffoulière, du Mont et de Giberges. »

« Le 23, nous avons jeté du poison aux bois de

Segeas, partie de celui de Servières et de Servilanges. »

« Le 24 nous avons jeté du poison aux bois de
Pépinet, de la Louvière, partie du bois de Pompeyrenc
et Sept-sols, en tirant en partie des bois de la Besseyre. »

« Le 25, avons jeté du poison aux bois de Servières,
et partie au bois de Servilanges, tirant à celui de
Pépinet. »

« Le 26, nous avons jeté du poison au terroir et
petit bois Montagne de Benjasse et du Ménial où la
Bête a fait tant de ravages. »

« Le 27, nous avons jeté du poison aux bois de la
Vachelerie tenant aux bois de Montchauvet et sur les
hauteurs du bois du Favard. »

« Le 28, avons empoisonné un gros chien, et fait
porter aux fameux passage du bois de Montchauvet, et
un autre au fameux passage du bois de la Besseyre
Saint-Mary. »

« Le 29, en partant de la Besseyre, nous avons
jeté du poison dans le bois de ladite Besseyre, dans
celui du Cros et de la Pague, tirant au bois de Pépinet
et de Chamblard, et partie à celui de la Soucheyre. »

« Le 30, nous avons renouvelé le poison dans le
bois de Montchauvet, en tirant à celui de N. Dame de
Beaulieu. »

« Ce premier mai, nous nous sommes transportés
à Saugues, pour acheter treize chiens que nous avons
empoisonnés. »

« Le 2 mai, nous avons fait transporter lesdits chiens au bois du Mont, où nous y en avons laissé un. Le même jour un autre au passage du bois de Mourène et du Ménial. »

« 3 Mai, nous avons couché à Paulhac et mis un chien à la hauteur du bois de Montchauvet, un autre à la jonction du bois de N. Dame de Beaulieu, un autre au fameux passage de la Brassalière, un autre au passage du Liconès. »

« 4 Mai, coucher à Paulhac, et de là nous avons mis deux chiens à la Ténazeire, un au passage de la Pauze et de Paulhac, un au gros rocher, au passage qui vient de St-Privat du Fau, et deux à la Croix du Fau, et de là coucher à St-Alban, à Mende. »

« Secondement. »

« Etat de la dépense. »

« . ... 18 Avril, acheté 4 chiens à une livre 10 sols chacun,   6 liv.

« Une brebis, une livre 16 sols   1   16

« Un mou de bœuf, douze sols   12

« ..... Graisse douce pour les éponges, six sols   6

« .. .. 19 mai, acheté une jument morte audit St-Privat, trois livres...   3

« Deux chiens, 2 livres, 8 sols   2   8

« 21 Mai, coucher à Servières où nous avons acheté une vache, 10 liv. 10 s.   10   10

« ... 22 Avril, acheté deux chiens, trois

brebis et un agneau 8 liv. 16 s.   8   16

. . . .

« Ledit jour, (29) acheté à Grèzes cinq brebis et un chien dix-huit livres, quatorze sols   18   14

« Pour des éponges chez François Porteur, 4 liv. 10 s.   4   10

« 30 Avril, à acheter, treize chiens à Saugues, une livre dix sols chacun dont total dix-neuf livres 10 s.   19   10

« Donné à un valet de ville, pour nous faire trouver lesdits chiens, douze sols.   12

« .. .. Pour quatre livres et demie oignon de Vachette (colchique d'automne) à une livre.   4   10

. . . .

« Au sieur Courtois, chirurgien, pour 19 jours qu'il a travaillé pour empoisonner à quatre livres par jour   76

« Au sieur Mercier pour 15 jours à 4 livres 12 sols par jour   69

« Plus deux journées employées par Gallard pour reconnaitre sur les lieux où la viande empoisonnée avait été mise si les loups y avoient donné......   3 (1)

On ne trouvait dans tous les coins et tous les passages que des débris empoisonnés qui se décompo-

(1) Archiv. de la Loz. C. 1621.

saient et empuantissaient l'air, en attendant que la Bête vînt y donner.

De jeunes louveteaux, alléchés par l'appât, s'y laissèrent prendre et payèrent de la vie leur inexpérience.

Mais la Bête dédaignait ces chiens coriaces, elle avait mieux que cela à se mettre sous la dent !

Après plusieurs tentatives renouvelées, toutes suivies d'un égal insuccès, on finit par croire qu'il était vraiment impossible de la tuer.

C'est alors que ces populations religieuses eurent recours, une fois encore, à l'assistance du Ciel. On fit des pèlerinages à Notre-Dame des Tours, dans le mandement de Saugues, et à Notre-Dame de Beaulieu près de Paulhac. Les paroisses y vinrent en procession, et nul ne sait avec quelle ferveur de piété, avec quelle intensité de foi et quelle poignante anxiété ces pauvres âmes venaient implorer le secours de Dieu alors que toute force humaine défaillait et s'avouait impuissante.

Nous ne sommes pas de ceux qui interposent un mur d'indifférence infranchissable entre l'homme et Dieu, et qui figent les bras de l'Etre suprême en lui refusant le droit et la possibilité de secourir l'homme, sa créature.

Rien ne vient que par la permission de Dieu, et pour quiconque a la foi, il n'est pas douteux qu'aux époques de calamités, lorsqu'on a pris toutes les mesures que commande la prudence humaine, il ne soit utile d'invoquer le secours d'en haut.

Tandis que les processions recueillies se déroulaient vers les sanctuaires vénérés et que les supplications ardentes de ces malheureux habitants montaient vers le Ciel, M. d'Apcher dirigeait les chasses dans les régions où l'on espérait rencontrer la Bête.

Les foins ne se coupaient point encore, les blés étaient loin de leur maturité, aussi les travaux des champs laissaient libres un certain nombre de chasseurs déterminés et aguerris qui suivaient leur chef avec un courage et un zèle opiniâtres.

On apprit que la Bête é ait dans la partie du Gévaudan qui touche à l'Auvergne, du côté de Saugues.

Le 19 Juin, M. d'Apcher dirigea ses battues de ce côté.

« Parmi les chasseurs, était le nommé Jean Chas-
« tel, dit la Masque, paysan marié au chef lieu de la
« paroisse de la Bessière Sainte Marie, excellent
« chasseur encore, quoique âgé de soixante ans. »

« Ce Chastel eut l'avantage de voir passer la Bête
« devant lui, il la tomba d'un coup de fusil qui la
« blessa à l'épaule ; elle ne bougea guère, et d'ailleurs
« fut assaillie de suite d'une troupe de bons chiens de
« chasse de M. d'Apcher. »

« Dès qu'on vit l'animal hors d'état de faire des
« victimes, il fut chargé sur un cheval, et porté au
« château de Besque, paroisse de Charais, dans l'Au-
« vergne, près des frontières du Gévaudan. »

« M. d'Apcher, conducteur de la chasse, voulut

« s'en faire honneur ; il envoya de suite chercher à
« Saugues Boulanger, dit la Peyranie, sans doute par
« dérision, car c'était un mauvais chirurgien apothi-
« caire, et lui dit d'embaumer la Bête pour qu'elle pût
« se conserver saine jusqu'à Paris, où il voulait la
« faire présenter au roi. »

« Ce chirurgien ignorant se contenta d'en sortir
« les entrailles, et de les remplacer par de la paille. On
« la garda ainsi maladroitement à Besque une dou-
« zaine de jours pour contenter la curiosité d'une
« infinité de personnes du voisinage qui venaient la
« voir. Ce qui occasionna beaucoup de dépense à
« M. d'Apcher qui se faisait une fête d'inviter tous les
« gentilhommes, bourgeois et prêtres accourus pour
« le féliciter et le remercier d'avoir ordonné et conduit
« une chasse aussi heureuse. »

« On ne peut douter que ce fût l'animal carnassier
« qui dévorait tant de monde, puisqu'en l'ouvrant on
« trouva dans son estomac l'os de l'épaule d'une jeune
« fille qu'il avait dévorée 24 ou 30 heures avant sa
« mort, entre Pébrac et le domaine de Mende, appar-
« tenant à M. d'Apcher, et d'ailleurs après sa mort on
« n'entendit plus parler d'aucun désastre. »

« C'était une espèce de gros loup mâle, rougeâ-
« tre,..... il avait la tête extrêmement grosse et le
« museau fort allongé, plus même à proportion que
« celui d'un loup ordinaire, au point que, sa gueule
« étant ouverte, l'intervalle de l'extrémité de ses deux

« machoires était de quatre décimètres et demi, près
« de deux pans. »

« La curiosité des gens une fois satisfaite, la Bête
fut mise dans une caisse pour être transportée à Paris
par le sieur Gilbert, domestique du marquis d'Apchier
et être montrée au roi ; mais soit à cause des chaleurs,
soit à cause de la lenteur du trajet, l'animal ne tarda
pas à se putréfier ; Gilbert arriva cependant à Paris,
à l'hôtel de M. de la Rochefoucauld qui informa aussitôt le roi de l'heureuse destruction de l'animal. »

« M. de Buffon, chargé de l'examiner, reconnut
que c'était un loup énorme ; mais il était arrivé à un
tel point de putréfaction que Gilbert le fit enterrer » (1).

L'abbé Trocellier, contemporain de cette époque,
n'était pas de l'avis de M. de Buffon : « Cette Bête,
« disait-il, ressemble à un loup, mais ce n'est pas un
« loup. Tous ceux qui l'avaient vue de près le disaient
« de même. Elle a les pieds de devant beaucoup plus
« courts que ceux de derrière ; les oreilles d'une autre
« façon. On a remarqué plusieurs autres choses qui ne
« sont pas du loup. Elle a pesé cent neuf livres. On
« juge que c'est quelque monstre. »

Entre ces deux opinions, le lecteur préférera certainement celle du célèbre naturaliste.

« Comme les ravages avaient cessé, le 9 septembre,
les Etats allouèrent à l'heureux chasseur Chastel une
récompense pécuniaire :

(1) Aug. ANDRÉ. *la Bête du Gévaudan. Bulletin*, 1884,
p. 203-204.

« M. le receveur des tailles de la ville de Mende....
« payera au nommé Chastel la somme de 72 livres de
« gratification qui lui a été accordée par Messieurs les
« commissaires du diocèse, pour avoir tué, le 19 juin
« dernier, dans une chasse exécutée sous les ordres de
« M. le marquis d'Apcher, une bête qu'on présume,
« attendu la suspension des malheurs depuis ledit
« temps, être celle qui les causait dans la partie du
« Gévaudan qui avoisine l'Auvergne du côté de Saugues,
« sans préjudice audit Chastel de solliciter et d'obtenir
« de plus grandes gratifications, surtout dans le cas
« où les malheurs auraient par la suite entièrement
« cessé.... A Mende, le 9 septembre 1767. Signé : DE
« RETS - FRAISSENET, *vicaire-général*, *président*; pour
« acquit, signé : CHASTEL » (1).

    « Le terrible loup tué par Chastel avait une compagne digne de lui. Une louve le secondait dans ses douloureux exploits. Elle fut tuée huit jours après dans la paroisse de la Bessière Saint Mary, par le

----

(1) Aug. ANDRÉ, *loc. cit.* p. 204 et suivantes.

Ce Chastel a été déjà mentionné au cours de ces chasses. Il est question de lui dans la lettre de M. Verny de la Védrine, 4 mars 1765.

Au mois d'août il eut des démêlés avec le garde Pélissier qui l'accusait de l'avoir fait tomber dans un bourbier. Dans une vive altercation, Chastel couche en joue le garde, et pour cette menace est conduit à Saugues où il est mis en prison.

Le 17 mai, il est témoin de l'inhumation de Marie Denty, de Septsols, dévorée par la Bête et signe au registre des décès avec son frère.

Il était originaire de Darnes, petit village de la Besseyre-St-Mary et avait une réputation incontestée d'habile chasseur.

sieur Jean Terrisse, chasseur de Mgr de la Tour d'Auvergne. »

« Le 17 septembre suivant, le sieur Terri se toucha une gratification de 48 livres pour la bê e femelle trouvée morte de la blessure qu'elle avait reçue de lui à une chasse commandée par M. le marquis d'Apchier. »

« Le diocè-e de Mende accorda, le 3 mai 1768, la somme de 312 livres aux intrépides chasseurs, compagnons de Chastel et de Terrisse. C'étaient : Jean Chastel, père et fils, Pierre Chastel, Antoine Chastel, Pierre Roux, J. Pierre Valet, Antoine Tournaire, Jean Taraire, F^ois Lèbre, Pierre Laborie, J. Pierre Chassefeyre et Pierre Pomier. »

« Tous s'étaient trouvés aux chasses ordonnées et dirigées par M. le marquis d'Apchier. »

« En leur accordant cette gratification, on constatait avec bonheur que, depuis la mort du loup tué par Chastel, et de la louve tuée par Terrisse, les accidents avaient cessé, n'y ayant eu aucune personne dévorée, blessée ou attaquée par les bêtes féroces » (1).

C'était une bien maigre récompense pour un si glorieux exploit, et cette parcimonie des pouvoirs publics à l'égard des chasseurs dévoués qui avaient rendu à leur pays ce service signalé, n'est point ce qui contribuera le plus à concilier à ces époques les sympathies de la postérité.

Cette fois, la Bête était bien morte, ou plutôt les Bêtes malfaisantes qui dévoraient tant de monde et

(1) Ferd. ANDRÉ, *les loups en Gévaudan*, p. 27 et 29.

dont la terreur superstitieuse des populations avait fait une seule personnalité, étaient bien exterminées à tout jamais !

Pourtant, on n'avait tué que des loups !

Que deviennent alors ces assertions risquées (1), ces descriptions minutieuses, aux détails fantastiques, et auxquel'es on donnait tant de poids, d'un animal qu'on avait si peu vu ?

Que deviennent alors cette longueur insolite d'un pied monstrueux et ces sauts de 28 pieds en plat pays ? Ces exagérations naïves pouvaient-elles tenir devant l'examen facile de la Bête une fois tuée ?

Ces exagérations et ces opinions diverses sur la nature, les formes et le nombre de ces monstres, n'entament en rien la certitude de leur existence qui plane au dessus de toute négation, au-dessus même de toute discussion.

Comme aussi la critique la plus exercée n'essaiera point de jeter même l'ombre d'un doute sur leurs méfaits.

Qui donc, après les preuves que l'on vient de lire, oserait nier le trépas malheureux de tant de victimes ?

Hélas ? pourquoi cette époque ne fut-elle pas un

(1) « J'oubliois de vous observer, Monsieur, qu'un jeune « homme de seize ans dit avoir vu la Bête franchissant un « fossé de 7 à 8 toises de largeur pour s'élancer sur le malheu- « reux qu'elle a dévoré, mais qu'il étoit trop loin pour pouvoir « lui donner aucun secours, il la désigne de couleur rougeâtre « et une raie noire sur le dos. »

(Archiv. du P. de D. C. 1738. Lettre de M. de Boissieu, 31 mai 1766.)

rêve pénible, un lourd cauchemar, au lieu d'être une douloureuse réalité?

Que de larmes versées et que de deuils dans les familles! Que de places vides au foyer et dans le cœur des mères qui gardèrent tout le reste de leur vie ce triste et poignant souvenir! Quelques-unes, dit-on, serraient précieusement, en un coin mystérieux, ce qui restait des vêtements de l'enfant dévoré, et pendant de longues années, au retour de cette date funeste, elles les sortaient pour les arroser de leurs larmes, tant était vif et profond le sentiment de leur douleur!

Et si plus de cent hivers de neiges et de tourmentes ont pu laver les taches sanglantes qui maculaient au coin des bois la place où furent dévorées ces victimes, ils n'ont pu en effacer le souvenir de la mémoire des habitants. Ces endroits maudits furent marqués, on les montre encore avec une précision étonnante. Et aux jours d'hiver, la nuit venue, quand toute la maisonnée fait cercle autour du foyer, la vieille grand-mère, de sa voix tremblante, raconte comment un enfant de la famille fut tristement dévoré. Elle pleure, — sa mère à elle, un témoin oculaire, pleurait en le racontant, — les petits se serrent l'un contre l'autre, en frissonnant, se tiennent par la main, comme pour se prêter assistance, et ce récit qu'ils savent tous pour l'avoir tant de fois entendu, les pénètre toujours de la même émotion.

Quel fut le nombre exact des victimes?

Il est malaisé de donner un chiffre précis.

Une relation de l'époque porte à 92 les personnes

dévorées ou attaquées en 1764 et 1765. On ne peut établir d'une façon satisfaisante le compte de celles qui succombèrent en 1766 et 1767. Toutes, en effet, ne furent pas signalées aux autorités locales, ni inscrites sur les registres, celles entr'autres dont le corps ne fut pas retrouvé et ne put être par suite inhumé dans le cimetière paroissial. Toutefois ce n'est pas s'écarter beaucoup de la vérité que d'estimer entre 120 et 150 le nombre approximatif des personnes qui durant ces trois années furent ou jugulées, ou assaillies par ces bêtes dévorantes.

Il faut en convenir, les temps d'autrefois n'étaient pas toujours des temps heureux.

Aujourd'hui, ces fauves malfaisants n'auraient point si beau jeu.

Aujourd'hui, en effet, ces immenses forêts, qui semblaient faites pour eux, sont partie rétrécies par la culture, partie dévorées par l'industrie; ces taillis, jadis d'insolite épaisseur sont éclaircis et rendus pénétrables; ces roches abruptes ne peuvent plus se targuer d'être inaccessibles et leurs issues profondes n'ont plus de mystères; ces ravins et ces gorges étroites s'étonnent d'abriter dans leurs méandres de blanches routes aux innombrables lacets.

Aujourd'hui les chemins de fer font résonner de leurs sifflements aigus et remplissent de leur âcre fumée les rives de la Trueyre et les gorges de l'Allier, aux Chazes mêmes. Les armes primitives, jadis employées, — avec quel mépris on les regarderait

aujourd'hui, — ont fait place à des instruments per-
fectionnés qui, avec leur longue portée et leur incroyable précision ne manquent point leur but et ne sont
plus arrêtés par la peau d'un loup.

Aujourd'hui enfin, où un siècle et demi de civilisa-
tion à outrance n'a point passé en vain dans ces régions
attardées jusqu'alors, les loups, même les plus sagaces,
seraient bientôt réduits à merci.

Mais il ne convient pas de juger des temps et des
lieux d'autrefois par les temps et les lieux d'aujour-
d'hui.

La Bête du Gévaudan, — nous avons employé et
nous employons ce mot au singulier pour nous conformer au langage de l'époque, — la Bête du Gévaudan
a été, au cours des années, le sujet de quelques opus-
cules et d'un ouvrage plus important.

Il suffira de citer :

M. POMPIGNY : *La Bête du Gévaudan,* mélodrame. 1809.

MARY-LAFON : *Mœurs de la vieille France, la Bête du Gévaudan.* 1854.

ELIE BERTHET : *La Bête du Gévaudan,* roman dont les
traits principaux n'ont rien de commun avec
l'exactitude historique des faits.

Ferdinand André : *Les ravages des loups en Gévaudan.* in-8°, 46 pages. — Publié dans l'*Annuaire de la Lozère*, 1872.

Auguste André : *La Bête du Gévaudan*, in-8°, 22 pages, dans le *Bulletin de la Société d'Agriculture de la Lozère*, 1884.

L'abbé Pourcher : *La Bête du Gévaudan.* (Imprimerie Pourcher.) — In-32. 1889.

FIN.

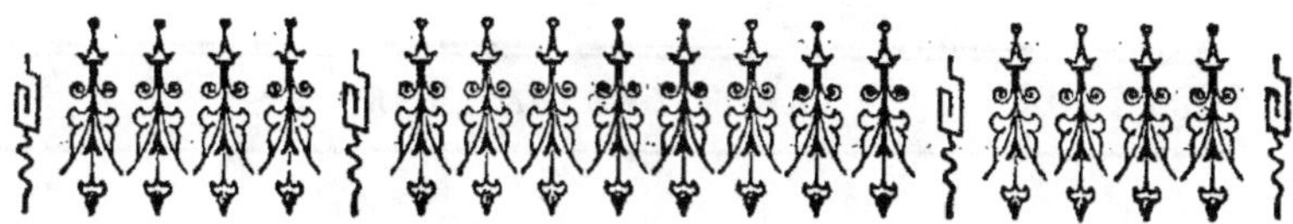

TABLE DES MATIÈRES

Saint-Flour. — Imp. H. Boubounelle.

www.ingramcontent.com/pod-product-compliance
Lightning Source LLC
Chambersburg PA
CBHW061457060726
47597CB00002B/629